企业文化建设

高校人才培养与的根与魂

叶金祥／著

哈尔滨出版社
HARBIN PUBLISHING HOUSE

图书在版编目（CIP）数据

企业文化建设与高校人才培养的根与魂 / 叶金祥著
. —哈尔滨：哈尔滨出版社，2023.5
ISBN 978-7-5484-7217-9

I. ①企… II. ①叶… III. ①企业文化—建设—关系
—高等学校—人才培养—研究—中国 IV. ① G649.2

中国国家版本馆 CIP 数据核字（2023）第 084134 号

书　　名：企业文化建设与高校人才培养的根与魂
QIYE WENHUA JIANSHE YU GAOXIAO RENCAI PEIYANG DE GEN YU HUN

作　　者：叶金祥　著
责任编辑：刘　丹
封面设计：树上微出版

出版发行：哈尔滨出版社（Harbin Publishing House）
社　　址：哈尔滨市香坊区泰山路 82-9 号　　邮编：150090
经　　销：全国新华书店
印　　刷：武汉市卓源印务有限公司
网　　址：www.hrbcbs.com
E-mail：hrbcbs@yeah.net
编辑版权热线：（0451）87900271　87900272

开　　本：880mm×1230mm　1/32　印张：6.5　字数：122 千字
版　　次：2023 年 5 月第 1 版
印　　次：2023 年 5 月第 1 次印刷
书　　号：ISBN 978-7-5484-7217-9
定　　价：78.00 元

凡购本社图书发现印装错误，请与本社印制部联系调换。
服务热线：（0451）87900279

　　文化是一种精神力量，不仅能够帮助人们认识世界、改造世界，同时也是个人立身、企业立业的基石。不仅个人需要文化，企业也需要文化。企业文化本质上是一个企业的灵魂，是推动整个企业运行的核心力量，"统筹"企业一切经营活动，在企业经营发展中占据着无可取代的地位。

　　企业想要发展，离不开企业文化。然而企业文化的形成并不是一蹴而就的，需要企业在发展过程中不断地探索。要使企业形成独有的企业文化，不仅需要企业领导者有宽阔眼界，更需要企业所有员工齐心协力，共同奋斗。

　　企业文化是企业不可或缺的一部分。好的企业文化能够给企业员工营造良好的工作氛围，能够提高员工的文化素养和工作效率。企业文化作为企业运营的基础，能够给企业带来一种积极向上的精神力量，提高企业的竞争力，同时也是打造企业品牌形象的有利因素之一。

企业文化的建设不仅仅需要企业自身的努力，同时也需要社会和高校予以配合。

高校是集中培养人才的地方，而人才是企业的命脉。因此企业和高校之间形成了相辅相成的关系，高校负责人才培养，企业负责给人才提供就业发展的机会。企业良好文化氛围的形成，离不开高校对人才的培养。

企业文化建设的根本在于人才。优秀的人才从高校走向企业，企业通过对人才的吸纳和再次培养，形成内部凝聚力，这种凝聚力的形成正是基于全体员工对企业文化的一致认同。

本书所要探讨的正是企业文化建设与高校人才培养之间的关系，以及企业文化对企业发展的重要性，从而为高校培养人才提供一些方向上的思考和建议。

从人才培养到人才输送，其中涉及高校生、高校、高校教师队伍、企业等四个方面，这四个方面对于企业文化建设和人才培养都是至关重要的。本书将探讨如何将这四个方面紧密地结合起来，形成一条畅通的人才输送通道，为企业文化的建设指明正确的方向。

目录

第一章 企业文化的形成

一、企业文化的形成路径

随着科技的创新，社会经济的发展，形势瞬息万变的市场对企业管理的要求也逐渐提高，如何才能拥有核心竞争力，如何才能聚集高价值的人才……现代企业迎来了一系列的挑战和问题。事实证明，优秀的企业文化是解决问题的关键，是企业的灵魂，是企业的方向标，是企业独特的竞争力，有利于人才的引进和推动企业持续发展。

众所周知，"小企业看老板，中企业看制度，大企业看文化"，想要企业蓬勃发展，离不开文化的柔性治理手段。那么，所谓的企业文化到底是什么？曾有知名的企业管理者说过："企业文化就是普遍的行为＋共同的理念＋无意识的基本假设。"简而言之，指的是企业在经营管理实践过程中，逐渐形成的符合企业发展阶段并能加速其发展的价值观、经营理念、企业精神、规章制度、行为准则等，既包含物质文化又包含精神文化，具有一定的企业个性化特征，是企业全体员工智慧的结晶，主要用来规范企业每个人的言行举止和价值取向，这些都将对企业的生存发展起到导向和激励作用。

一般来说，企业文化的内容，主要分为三个层次：

（1）物质层。指企业形象，含企业环境形象、品牌标志、企业名称等，属表层文化。

（2）制度层。指企业行为，也称规章制度理念，含品牌观、经营观等，属浅层文化。

（3）精神层。指价值观、使命感、目标认同感等，属于深层文化。

其中，精神层是企业文化的灵魂和核心，制度层和物质层则是企业文化必不可少的组成部分，三者是相辅相成、互相促进、紧密联系、缺一不可。通过对世界各国著名大型企业的分析，发现支撑其不断发展壮大的支柱便是优秀的企业文化，它将不同价值观的员工凝聚在一起，为了共同的愿景、使命、目标等奋发前进，可以说，企业文化如今已被商业界视为更好的通往成功之路。

不过，虽然大多数企业都深知企业文化的重要性，也迫切希望建立一套行之有效的企业文化，但企业文化的形成，却是个漫长的过程，难以一蹴而就，从初建到成熟道路是坎坷的，需要经过日积月累的沉淀，不断对其进行修改与完善，并且执行到位。所以，企业想要拥有优秀的企业文化确实不易，除了时间上的长期付出，还得深知其形成的路径。接下来，笔者将从纵向和横向两个方面进行详细分析。

何谓横向？可以理解为形成企业文化的内容及影响因素，主要包括以下几个方面：

（1）公司愿景、使命、价值观等，这是企业文化的核心内容，不容忽视。

其体现了公司的发展目标、方向、经营理念以及各种激励机制等，对内能够有效地引导员工的言行举止，将核心价值观贯彻于日常工作实践中，对外能展示出企业的品牌形象。如腾讯公司的愿景是成为"最受尊敬的互联网企业",重视与公司利益相关共同体和谐发展;使命是"通过互联网服务提升人类生活品质",以人性化、高品质的方式,向用户提供可靠且多样化的互联网服务和产品;价值观是正直、尽责、合作、创新,通过全面的经营创新、技术创新、人才创新、管理创新,推动企业发展。

(2)良好的工作氛围、环境及融洽的同事关系,这有利于加快企业文化形成的速度。

因为企业文化的形成是个动态的过程,随着企业的发展,不同阶段所需的企业文化略有差别,所以上下级、同事之间能够积极、坦诚地沟通,设身处地、客观分析企业的经营管理状况,不断在实际工作中总结经验教训及优秀管理方法等,可以为完善企业文化积累重要资源,让企业更具市场竞争力。如谷歌企业文化中的"人工饰物",就备受员工的喜爱。当员工踏进谷歌办公区那一刻,映入眼帘的便是轻松、自由、不拘一格的环境,不仅沙发随处可见,供员工休闲、聊天,而且总部还设置了迷你游泳池、子女托管中心、餐厅、免费医疗室等,解决了员工一系列的后顾之忧,想员工之所想。正是因为有这样的企业文化，谷歌的员工稳定性极高，对企业的忠诚度也非常高，从进而降低了员工的离职率。

（3）优秀的模范领导，这是促进企业文化形成的助推剂。

在企业中，领导一般具有示范性作用，并且相对员工而言，他们的专业知识、管理知识和能力都更上一层楼。不同领导者若能在企业管理过程中通过积累与实践，不断总结出各种经验教训，极易形成与众不同、适合本企业的文化。另外，企业文化的形成是自上而下的，如果公司中高层领导都能以身作则、爱岗敬业，就会潜移默化地影响员工，从而将大家所认同的人格品质、价值理念等融于企业文化中，推动企业文化快速形成。

（4）客户的反馈建议，也是丰富企业文化内容的重要资源。毕竟客户是企业赖以生存的基础，若能适当采纳客户提出的建议，提高客户的满意度，这样的企业文化将更具实用性。

（5）行之有效的方案，这是企业文化"内化于心、外化于行"的关键。

任何优秀的企业文化，建立后若无法执行到位，只能算是纸上谈兵，并不能真正发挥其功效。鉴于此，企业应开展多样化的实操活动和集中培训，将企业文化的精髓传达给每位员工，且设置各项监督奖惩方案，在日常工作中不断引导和纠正员工的价值观和言行，促使其自我激励，最终形成固化的工作状态。

接下来，我们谈一谈何谓"纵向"。其实这与企业的发展阶段是息息相关的。

当企业处于创业初期，创始人的价值理念及言行可起到关键性的作用，甚至可以说企业文化就是老板文化。因为新的企业诞生，往往源于创始人的梦想与初心，文化基因更多是创始人自己的价值观和思想认知，这是企业文化形成的第一阶段。

随着企业经营管理的不断完善，越来越多的实践行为得到大家的认可，便有了组织的因素，经过提炼后将其加入企业文化的生长过程，如此一来企业文化的内容就更加丰富，进入了第二阶段。

当企业进一步成熟，面临的市场环境相对复杂，企业之间的竞争愈演愈烈，此时第三阶段的生长就显得尤其重要，需要精心去思考，重点理清企业文化理念的关键问题，如愿景、价值观、使命、各种规章制度等。一旦确定好，便第一时间着手对其展开进一步的宣传和巩固，即可通过各种团体活动或有效的激励措施，不断地影响员工的言行，使员工和企业共同成长。

第四阶段的修正与完善同样是必不可少的，十分重要。任何企业文化的形成，都将经历从幼稚到成熟的过程，而每一个企业在成长的过程中又都自然蕴含着文化因素，二者相辅相成、相互影响。当然，企业文化能否对企业起到积极、正向的影响，则取决于企业文化是否正确，是否深入人心，是否可行。

例如，阿里的企业文化中"价值观"并非一成不变的，随着企业的发展，经历了三个阶段的变化，可以说是阿里成长的拐点。首先，阿里在成立初期，为了保证团队的凝聚力，杜绝交流沟通成本，减少内耗，于是提出"可信、亲切、简单"的价值观，为第一阶段。其次，伴随着阿里的快速发展，公司规模扩大、员工数量激增，由于很多员工都是来自不同国家不同地域，出现了文化差异、工作理念相悖、思维碰撞等问题，这时公司的价值观也做了调整，进入第二阶段，即"群策群力、教学相长、质量、简易、激情、开放、创新、专注、服务与尊重"，整体的企业文化内容也更丰富，加入了"组织引领和工作理念"层面的要求。最后，当阿里的发展得到进一步的飞跃，人员结构复杂、扩张速度加快，面对的市场瞬息万变，为了更好地落实企业文化，发挥其更大的功效，此时公司的价值观又变更为"客户第一、团队合作、拥抱变化、诚信、激情、敬业"，迈入第三阶段。

由此可见，企业文化形成的路径具有阶段性和长期性的特点，若想要建立一套完整、优秀的企业文化，使其内容具有深度和广度，必须考虑企业发展的不同阶段以及影响因素，并在企业实际经营管理过程中继续对其不断进行深究和完善，适合企业相应发展阶段的企业文化才是最好的。

二、企业文化是企业发展的灵魂

俗话说:"一年企业靠运气,十年企业靠经营,百年企业靠文化。"企业文化,最早起源于20世纪80年代,由美国学者首次提出,很好解释了当时日本企业崛起的原因。面对强大的美国企业,日本企业在软硬件设备都较差的情况下实现反超,这是值得深思的。后来,人们对企业文化的研究日益深入,对其产生的认同感也更深。世界各国的优秀企业,也是越来越重视优秀企业文化的建设。那究竟企业文化有何魅力,能被喻为企业发展的灵魂?相信很多企业管理者都能够就此长篇大论、侃侃而谈。下面就笔者的拙见做简单分享:

(1)优秀企业文化对员工的言行举止、价值观等具有引导和约束的功能。

　　企业文化，不仅是新员工入职须掌握的"内在规则"，更是推动员工成长，使企业能够在激烈的竞争环境中脱颖而出的"基本原则"。毕竟就新员工而言，暂不易区分优秀与否，但企业文化却具有优劣之别，只有优秀的企业文化才能塑造出更优秀的员工。因为优秀的企业文化，一般都是经过集体深思熟虑才建立起来的，所提倡的价值观和各种规章制度等，具有公开、公正性，深受所有员工的认同与维护，公司一切变得有法可依、有制可循。倘若员工由于某种原因而偏离了企业文化的核心价值观，公司能第一时间对其予以纠错，使其重回正轨。

　　当然，这里提到的企业文化对员工的约束，除了一些硬性的制度式约束，更重要的是道德规范、企业文化氛围、和谐理念等软约束，须努力通过多样化的活动或教育培训，将企业文化深深刻入员工的脑海中，真正赢得员工内心的认同，方能发挥出企业文化的作用。

　　例如，海尔企业文化的核心强调创新，坚持以人为本、知人善任、注重品质等，目标是创中国闻名品牌，每一位"海尔人"都十分清楚并怀着这样的理念奋斗在不同的岗位上。

（2）优秀企业文化对员工具有激励作用。

由于优秀的企业文化本身就被赋予不同凡响、极具吸引力的内容，因此一方面能够为员工提供一个公平公正、奖惩分明的考核晋升环境，避免因企业管理者的个人偏好使考核存在不公的情况，使每位员工的工作表现和态度都得到科学、客观的评价，从而鼓励员工勇于挑战更高难度的任务，提高员工的工作积极性，使其不断提升自身的素质，并增强归属感、责任感等；同时促进员工之间和谐共处、团结协作、沟通顺畅，减少彼此之间的内耗、互相拆台等情况，从而增加员工的幸福感，员工也就当然愿意留下，长期与企业共发展。

另一方面也能够为员工提供更人性化的福利待遇，以及完善的人才培养机制，有利于培养员工的"主人翁"精神，为企业引进和留住更多优秀的人才。因为优秀的企业文化更容易产生"内化于心，外化于行"的精神力量，如同心智程序般在企业员工的心中扎根，激励员工从内心产生一种高昂情绪和奋发进取精神，努力工作。毕竟优秀的企业文化是经得起时间考验的，可谓是人心所向，受到所有员工的共同认可，无形之中也会影响员工的价值观和行为，使得员工都愿意将自己置于"主人翁"的位置，与企业共进退、一体同心，并且也能从各个方面将不同部门、岗位的员工紧紧地团结在一起，使其目标明确、步调一致，将其积极性、主动性和创造性激发出来，使得员工的能力得到充分发挥，从而提升工作效率，推动企业发展。就像海尔企业文化中强调以人为本，采取"走出去、请进来"的人才培养方式，有计划、有组织地安排各岗位的人才外出学习、参观，给予员工更多成长的机会，注重人的发展。正因为如此，海尔企业的员工稳定性较高，利于企业的长期发展。

（3）优秀企业文化有利于提高客户的满意度和稳定性，实现共赢，和谐发展。

优秀的企业文化，更具人性化特征，客户也是备受关爱。其注重的是和谐发展，提倡共赢，而非独赢，十分重视多方利益的平衡，这样的企业文化既能保障客户的利益，尽量满足客户的需求和期望，提高其满意度；又能保障企业、员工及股东的利益，促进大家和平相处，使得员工愿意与企业同心、努力工作、共同成长进步，股东也愿意加大人力、财力、物力的投资，促进企业扩大规模、快速发展。

（4）优秀企业文化有利于维护企业品牌形象，具有宣传、辐射的功能。

俗话说："一个企业拥有什么样的文化，便会创造什么样的品牌。"换句话说，外界对企业的品牌形象的评价如何，则取决于企业文化、服务水平、产品质量等。特别是企业文化，具有较稳定的特点，人们对其的认知不易改变。很多企业为什么能在客户心中留下美好的印象，关键因素就是企业文化的落地，为客户提供了优质的服务和产品等，用实际行动让客户体验到种种的好处，从而获得更多的忠实客户，维护并提升企业的品牌形象，产生巨大的品牌效应。

除此之外，企业还可以将优秀的企业文化通过各种方式（如广告宣传、说明会等）向社会推广，这也有助于树立企业的良好形象，提升社会知名度和美誉度，一定程度上还会带动相关兄弟企业的发展，建立可持续发展的良好生态圈。从长远来看，优秀的企业文化也将对社会经济及文化的发展产生重要的影响。

总之，企业文化可谓是企业的灵魂，是企业最核心的竞争力，是企业的黏合剂，它能够提高员工的积极主动性、对企业的认同感及归属感，增强企业的吸引力和生命力，大幅降低人才流失率，使企业保持长久的核心竞争力，促使企业可持续发展。

三、人才的培养是企业文化形成的基础

何谓人才？简而言之，指的是具备一定专业知识和技能，可进行创造性劳动并为企业或社会做出贡献，能够及时解决问题，洞察未来的风险，与企业共进退，促进企业稳步上升的人。我们都深知，随着社会竞争的愈演愈烈，科技创新的日新月异，企业面对着种种前所未有的挑战，若想要长期立足于市场，则人才便是促进企业可持续发展的关键要素之一，是企业的命脉，也是企业文化形成的基础。

正如，在麦当劳企业中，超过 75% 的餐厅经理、50% 以上的中高层主管及 30% 多的加盟经营者，都是从计时员工做起的。在杰克韦尔奇管理的 20 年里，竟多达 2.7 万中高层管理人员都接受过他的培

训。可见，稳定的人才培养机制，容易使员工拥有共同的价值观、经营理念、使命感等，加速企业文化的形成。

然而，从长远来看，企业文化的发展属于动态的过程，并不是一成不变的，将会随着企业的不同发展阶段被赋予新的内容，这就对人才提出了更高的要求。为了能够适应且推动企业的发展，人才培养势在必行，它是企业文化形成的基础，

首先，在企业创立之初，除了人才紧缺，还难以建立较优秀的企业文化，这时的企业文化内容大多是以老板自己的价值观、经营理念等为主，企业文化的优秀与否，取决于创始人的综合素质。若当时的企业领导者自身的专业知识和能力超群，十分注重优秀企业文化的建立，确实是不可多得的优秀人才，那自然所建立的企业文化将会有一定的先进性，对企业发展起到积极的导向作用。反之，若是企业缺乏这样的人才，则企业文化的形成也将更加缓慢，且内容较贫瘠，阻碍企业的快速发展。

所以，一旦企业进入高速发展的阶段，必将要更加重视人才的培养，特别是随着企业规模的不断

壮大，一方面员工的数量大幅激增，一定程度上对
企业文化提出更高的要求；另一方面，当员工的整
体素质越来越高，无论对物质还是精神的需求都将
迈上一个新台阶，无形之中也会要求企业文化增加
新的内容，更好地发挥出企业文化的正向作用。

例如香格里拉酒店，曾被誉为中国企业的典范，
其企业文化就具有非常强大的凝聚力。它就十分重
视人才的培养，强调的是每一位员工都能实现自身
价值，对员工专业知识和能力的要求很高。据说哪
怕只是一名客户服务员，它都将倾尽资源对其进行
培养，若是将其放到其他的酒店便可担任客户部经
理。正因为有了这样的企业文化，每位员工都心甘
情愿为企业做贡献，自上而下形成一股强大的凝聚
力。曾经有其他酒店高薪聘请了几名香格里拉的管
理人员，希望能够快速提高酒店的服务水平，可几
年过去，几乎没有任何进展。可见，企业文化具有
独特性，只有适合本企业的文化才能发挥出强大的
推动作用。

其次，企业人才培养是否到位，将影响企业文
化的落地和功效。因为大部分的员工都是来自不同

地方，原有的文化、工作理念、价值观等都存在巨大的差异。只有做好企业文化的宣传和落实，促使每位员工对其产生真正的认同，才能更好地将企业文化转化为行动力。

最后，企业文化对于人才培养同样至关重要，它是企业的软实力，是吸引和聚集优秀人才的法宝。好的企业文化，宛如一块稀有的大磁铁，吸引着四面八方的人才前来归附。同时，它还是企业内部员工的精神乐园，是其劳累时的温馨港湾和重新出发的勇气来源。因此，国内外知名的企业无一不重视企业文化的建设与完善，尤其重视企业文化中的人才培养机制。

四、企业文化在企业中的运用

著名管理学家托马斯·彼得斯和罗伯特·沃特曼强调：在经营得最成功的公司里，居第一位的并不是严格的规章制度或利润指标，更不是计算机或任何一种管理工具、方法、手段，甚至也不是科学技术，而是企业文化。

综观世界各国的优秀企业，推动其快速、持续发展的利剑便是其优秀的企业文化。如今，越来越多的企业对企业文化提高了关注度，为了能在瞬息万变的市场中占有一席之地，花费了巨大的人力、财力、物力等，去不断完善、宣传、落实自身的企业文化，获得员工的由衷认同。

例如，美团的企业文化就广受消费者的喜爱，其使命是"帮大家吃得更好，生活得更好"，以消费者需求为导向，立志在不同的消费场所为客户和商户创造更大的价值。更可贵的是美团的价值观，即"以客户为中心、正直诚信、合作共赢、追求卓越"，这些非常符合现代市场的要求。当然，如果只是单单赢得客户和商户的满意，那也是不足的，而应注重多方利益的和谐发展，与时俱进，方能走得长远。另外，美团在敢于质疑、勇于创新、追求真理方面也做得非常好，美团文化的重要内核是强调发现并遵循规律，哪怕发现的规律跟当前主流看法有出入，"美团人"也会坚定地将此规律运用到企业管理、生产之中，不断提高自身综合能力水平，甚至最终扭转整个行业对其做法的评价。

对于人才培养，美团的领导多次提出要长期坚持。美团不仅建立了完善的员工福利机制（包括医疗保健、休闲娱乐等），解决了员工的后顾之忧，还设置了针对不同对象的人才培养机制，其中最具特色的是"北斗计划"和"青橘计划"，前者是专门面向全球校园精尖科技人才的招聘项目，目标是培养及储备能引领企业未来发展的技术专家，打造多层次科技服务平台；后者是为优秀在校学生量身定制的实习培养计划，旨在培养优秀的互联网人才。同时，美团拥有一套完善的内部学习发展体系，其培训项目呈多元化，因材施教。

毫无疑问，正因为有了这样优秀的企业文化，美团的发展进程才相对顺利，截至 2020 年美团单日外卖交易笔数超过 4000 万笔，经营的业务范围也是不断地扩大，遍布海内外城市，获得了大众的喜爱，更储备了大量的有价值人才，吸引了海内外高校优秀科技人才的加入，经过多年的积淀，逐渐形成了助力专业人才成长和发展的项目体系，进一步推动美团快速地发展。

然而，并不是每个企业都能像美团这样，很早就意识到企业文化的重要性，并及时建立了自己独特的优秀企业文化。就像索尼公司，早期发展因企业文化的建立，获得了质的飞跃，从默默无闻的手工作坊慢慢发展为国际集团。可出乎意料的是，后来索尼公司的企业文化却停滞不前，甚至偏离了正确的轨道，其品牌知名度和绩效等一度被许多同行企业反超。在 2007 年《财富》全球 500 强排名中，落后于三星，仅位列第 69 名，越来越多的同行企业逐渐挤占了索尼公司产品的市场份额。

当时，针对索尼公司的问题，许多知名的经济学家做了深入的分析，感叹道："索尼成也文化，败也文化。"其原因主要有两点：

（1）过于强调"人治观念"，企业失去了原有的民主和进取精神。由于最高领导者偶然的两次"一意孤行"的决策给索尼公司带来了巨大的利益和成功，使得公司员工对上级越发敬畏，随之"独裁"和"顺从"的风气便侵入企业文化中。到了 20 世纪 80 年代末和 90 年代初，索尼高层管理者决意要进军好莱坞影视业，明明前景不佳，又有松下公司失败的前车之鉴，可却无人提出任何异议，结果索尼公司付出了巨大的代价，深陷泥潭，饱尝苦果。

（2）缺乏人性化的管理机制（如过度鼓励竞争等），加大了经营成本。当时，索尼公司提倡员工可根据自己的兴趣爱好，申报不同的研究项目，从表面上看，确实一定程度上提高了科技人才的积极性。但长期下来，由于研究项目的分散性和个性化，员工之间缺乏合作与沟通，相互竞争，产生内耗。

一旦个人的能力有限，执行力不足，就极易造成项目的搁浅，没有成效，既挫败了员工的信心，又浪费公司资源。加上企业内部的工作环境和氛围不佳，削弱了员工的幸福感和归属感。这些都阻碍了企业的发展。

由此可见，企业文化的影响力不可忽视，它是企业的"DNA"，决定着企业发展的深度和广度。想要企业得到持续快速发展，不仅要建立优秀的企业文化，还要根据企业的不同发展阶段对企业文化进行审视、修正、完善，避免企业文化发展出现滞后、偏颇等情况，为企业带来消极影响。

五、正确的人才选择对于企业发展的重要性

相信大家都十分认可人才的价值，同意人才对企业的发展具有不可替代的作用，是企业最宝贵的财富。如何正确选择优秀的人才已成为各企业共同的关注焦点和研究话题。优秀的人才就如一剂良药，能够针对企业存在的各种棘手"病症"起到有效的疗治作用。尤其是关键人才，即企业关键岗位上的人才，或者企业中最优秀的20%人才。因为企业中80%的业绩往往出自这20%的关键人才，他们在一定程度上决定了企业发展的深度和持久度。

如果录用了不合适的员工，特别是在企业没有健全的考核机制的情况下，就容易滋生出"蛀虫"，慢慢对企业从内部进行侵蚀，产生严重的消极作用。

即使是卓越的大公司，没有了优秀的人才，也难以持续地发展。

安德鲁·卡内基说过："带走我的员工，把我的工厂留下，不久后工厂就会长满杂草；拿走我的工厂，把我的员工留下，不久后我们还会有个更好的工厂。"这段话道出了人才对企业无可替代的重要性。

例如创新奇智公司，成立于 2018 年 3 月，仅用不到 4 年的时间，就公开招股、挂牌上市，成为国内"AI+制造第一股"。其关键原因在于它是由李开复旗下创新工场投资孵化而来，有着坚强的后盾。李开复是创始人，又是互联网领域的知名人士，在谷歌、微软和苹果企业都担任过高管，无疑是个不可多得的人才。在他的带领下，创新工场的发展速度惊人，很快就成为投资界和产业界的焦点。可以说，李开复就是活招牌，不仅联想集团、鸿海集团等承诺投资，而且求职的简历也是铺天盖地投来，吸引了业界的许多高端人才。在这样的环境下，创新奇智的发展一路顺畅，前进的节奏明显快于普通的创业公司。所以，优秀的人才对企业的发展是至关重要的。

那究竟该如何做出正确的人才选择呢？主要须关注以下两个关键点：

（1）企业应建立一套完善、先进、人性化且符合企业自身发展需要的人才引进及培养机制。一方面，所设置的对外招聘标准及考核方式，应适合企业现阶段的发展状况，因为不同发展阶段所需的人才是有差别的，优秀且适合才是最优的选择；同时，招聘实施环节也十分关键，要保证公平公正，才能更好筛选出优秀的人才。另一方面，企业也应重视对员工的培养，提供多元化的培训通道，全面提升员工的专业知识和能力，再通过SWOT个人分析法，对每位员工的成长过程、工作能力、履历等建档备案。当企业发展到达新的阶段，需要一批最具有战斗力的优秀人才时，除了外聘，还可以从档案中挑选出合适的内部人才。相对新人而言，内部人才具有一定的优势，不仅对企业有更深入的了解，有高度的责任感、认同感，而且又能快速投入新的工作中，无须磨合期，大大节省了时间。所以，企业想实现正确选择人才，便要先有正确筛选人才的制度和方法。

（2）企业可对新员工设置"试用期"，给予双方一定的适应期，在"用"中"验"，在"验"中"选"。企业通过设置各种考验，全面了解试用者的言行举止，检验其专业素质和能力，这样能在一定程度上提高选择人才的正确率。

六、企业如何聚集人才

古语有云:"致天下之治者在人才。"人才是企业的核心资源,是企业可持续发展的基础。

那么企业该如何聚集人才呢?主要可以从以下四个方面着手。

(1)建立以人为本的企业文化。

不仅要有最具吸引力的价值理念、目标和激励机制等,而且要重视人才培养,让每位员工感受到被重视,不断提升员工的满意度,增强其归属感、责任感,从而激励其用心工作,为企业谋利益。同时,优秀的企业文化具有推广企业品牌的功能,有利于吸引更多人才加入,促进企业的发展。

例如通用电气公司,坚持以文化驱动学习,韦尔奇时期的企业文化从强调"控制"转为强调"素质"，积极发现人才、培养人才，通过开展各种互动，让更多人才对该公司产生向往，愿意投身其中。

（2）健全人才管理和培养机制。

随着社会经济的发展，市场对企业也提出了更高的要求，企业为了能够立于不败之地，建立新型的人才管理体制势在必行。企业应提倡分类管理制度，针对不同类别的员工采取不同的管理方式，做到以人为本。同时，还应十分注重人才的培养，加大对人才教育培训的投入力度，建立"学习型组织"，不断提升员工的各方面知识和能力水平，关注其成长需求。在设计培训内容时，既要着眼于企业当前的需求，又要高瞻远瞩，预测未来市场对人才的要求。

就像腾讯公司的人才培养机制，其开办了专门的腾讯学院，立志成为打造互联网行业最受尊敬的企业大学。腾讯学院将人才培养分为三个层次：公司级、BG级（腾讯的组织架构是整个公司划分为若干个事业群，俗称BG，全称Business Group）和部门级，根据不同的培养目标，安排相应的对象和内容，既为企业的现在培养人才，又为企业的未来培养人才。

（3）完善激励机制。

根据马斯洛需求层次理论，人的需求会随着经济实力、社会地位、知识水平等因素的变化而发生改变，一旦满足了基本的生存物质需求，将会不断衍生出更高层次的需求，如爱与归属的需求、自我价值实现的需求等。鉴于此，企业管理者应与不同岗位上的人才进行深入的沟通，全面了解其需求，不断完善企业的激励机制。

当人才更关注物质利益时，则须建立利益链，让其认识到自己的利益所在，并为之奋斗。而当人才的需求已经迈上了更高的层次，此时利益的激励作用将会随之减弱，企业就该建立成就激励机制，赋予人才更多的权利和福利，真正做到"用人不疑，疑人不用"。除此之外，企业也应关注人才的情感需求，在其遇到困难之时伸出援助之手，以真诚打动人才，增强其对企业的归属感和信任度。

正如星巴克员工股权激励机制，就得到了全体员工的认可与青睐。星巴克公司对员工的称呼也是独特的——合伙人。在优厚的工资福利的基础上，所有的员工都可根据"股权认购计划"，以低于市场价 15% 的折扣价购买公司的股票。同时，星巴克还推出"咖啡豆期权计划"，赋予了员工更多的购股权利，共享公司的经营成果。除了这些激励措施，星巴克的管理也非常民主，鼓励员工发表自己的建议，哪怕是小主意，都很慎重对待，甚至设立公开论坛，允许员工向高级管理层提问。因此员工都视公司为自己的"大家庭"而心甘情愿为之努力奋斗。

（4）营造有利于人才聚集的良好工作环境。

俗话说："工作环境是企业文化的体现，是吸引求职者的法宝。"营造一个整洁优美、氛围和谐的工作环境，不仅可以使员工身心愉悦，保持头脑清晰，增强归属感、幸福感，提高工作效率，还能给来访者留下美好的印象，增加彼此的亲切感和信任感度。

这点在普尔永道会计师事务所得到了很好的验证，为了给员工提供更加舒适温馨的办公环境，该事务所可谓是费尽心思。其主要以"乐创工坊"为概念，将智能科技、灵活办公、身心健康和可持续发展的理念贯穿于整个办公空间，且每层空间赋予不同的独特主题，给员工以舒适的沉浸式体验。除了采用智能办公系统，还摒弃了常规的"工厂式"排列组合布局，通过四通八达的流线式设计，将讨论区、休憩区、办公区等合理穿插布局，以方便员工的交流和休息。顶层还建了小型屋顶花园，弧形的设计、各种各样的植物等无一不让人心动。这样的工作环境，既温暖了员工的心，也赢得了来访者的赞誉。

另外，如果企业所有员工都是有价值的人才，思想积极向上、乐于奉献、善于学习，同事间、上下级之间的关系融洽……相信这样的企业，员工稳定性将不再成为问题。

总之，若企业想成为人才的聚集地，须内外兼顾，根据瞬息万变的市场形势及时调整各项策略，坚持以人为本理念，不断完善企业文化，重视人才的引进和培养，才能吸引更多的人才。

第二章 企业人力资源的管理与优化

一、人力资源管理的定义及内容

随着我国经济的发展和社会生产力的进步，越来越多的企业已经不满足于传统的员工管理模式，人力资源管理作为当前较为先进的企业员工管理方式，受到众多企业的青睐，也被越来越多的企业所接受。

关于人力资源管理，众多企业负责人和劳动者仍对其有很多未知之处，在大部分人的认知里，提起人力资源管理，首先想到的就是人事招聘。这导致一些企业对人力资源管理无法真正付诸实践；而众多劳动者也因为对人力资源管理的不了解而无法正确提出自己的需求，从而无法发挥个人的实际价值。当前形势下，深入了解人力资源管理已是一件迫在眉睫的事情，那么究竟什么是人力资源管理？
人力资源管理的内容又是什么呢？

人力资源管理（Human Resource Management，
简称 HRM），是由基础的人事管理升级而来，指在经
济学理论与人本思想的指导下，通过招聘、选拔、
培训、支付报酬等一系列的管理形式对组织或企业
内外相关人力资源进行有效的运用，满足组织或企
业当前及未来发展的需要，保证组织或企业目标实
现的最大化，以及员工价值实现方式的最优化。

人力资源管理工作的对象主要是个人、企业
以及企业文化，主要内容是战略部署和战略沟通；
企业的整体评估和变革管理；企业文化管理和员
工关系管理；人才的引进和配置；企业员工的薪
酬待遇和人员成本测算。衡量人力资源管理部门
职能完成情况的指标通常是劳动生产率，员工敬
业度，员工离职率，关键岗位员工配置情况，以
及员工对公司的满意程度。

根据目前的社会发展需求，我们一般从以下几
个方面来对人力资源管理进行定义。

第一，人力资源管理是一种管理活动，是指根

据企业发展战略的要求，有计划地对人力资源进行合理的配置，通过招聘、选拔、培训、任用、考核、奖励、调岗等一系列方式，充分调动员工的积极性，激发员工的内在潜能，促使其给企业带来更大的利益，为企业创造更多的价值，确保企业未来发展的顺利和所定目标的实现。管理内容包括企业人力资源战略的制定，员工的招聘与选拔，新员工的培训，薪酬及绩效管理制度的制定，员工关系的管理，员工的安全与健康方面的管理，等等。

第二，人力资源管理是运用现代科学的管理方法，对人力和物力进行合理有效的规划使用，使人力与物力都保持相对平衡的状态，人尽其才，物尽其用。同时利用奖惩制度和企业文化对员工的思想、行为进行一定程度的引导及协调，充分发挥其主观能动性。

资深的人力资源管理从业者，能够有效地预测企业对人力资源的需求并做出合理的人力资源计划，招聘合适的人员构成一个完整的组织架构，制定完善的薪酬及绩效管理制度，对员工实施有效的激励措施，使员工能最大程度发挥价值，实现企业效益的最优化。

在现代社会中，一般把人力资源管理分为 10 项具体内容。

（1）人力资源规划。把企业对人力资源的需求作为长期目标进行规划，制订长远的计划，包括对企业人力资源现状的分析，对企业未来人力资源需求的预测，突发情况下对人力资源的调配和使用等，确保企业时刻拥有所需要的人才。

（2）岗位的分析与设计。明确不同岗位的名称和职务，以及不同岗位之间的关系和职务分配，通过对企业各个工作岗位的性质、职责、工作流程以及胜任该岗位所需的基本素质、知识水平、个人技能等方面进行调查与分析，制定出符合各个岗位需求的岗位规范及职务说明书等人事管理文件，确保每个岗位的职责和工作内容明确，为企业的运作和员工管理提供支持。

（3）员工的招聘与选拔。根据人力资源规划和企业实际运行中对工作的要求，明确企业的人才需求，包括岗位、岗位职责、工作要求等，制订明确的招聘计划，通过招聘网站、校园招聘活动、社交媒体等多种渠道发布招聘信息，筛选出适合企业的候选人，对其进行面试，了解其工作经验、人品素质、专业能力等方面的情况，为企业招聘合适的人才并配置到有需要的岗位上。

（4）员工的培训。一方面，通过培训帮助新员工进一步了解公司体系和企业文化，快速建立与公司共同发展的思维模式；另一方面，通过培训提高员工的知识、能力水平和工作效率，进一步开发员工的内在潜能，增强人力资源对企业的效能。

（5）薪酬管理。了解市场上同类型职位的薪资水平，根据调查结果，制定完善的薪酬管理制度，进行包括基本薪酬、绩效薪酬、奖金、津贴以及福利等在内的薪酬结构的设计与管理，确保薪资的公平性和透明性，从而更好地激励员工更加努力地工作，为企业做贡献。

（6）绩效考核。明确绩效考核的目标和标准，根据员工的工作性质、工作表现和工作效率，对员工一定时间内的工作及其对企业的贡献进行考核和评价，并根据考核结果对员工进行奖励或者处罚，以便提高员工的工作绩效，同时为员工培训、晋升、涨薪等人事决策提供依据。

（7）员工激励。建立激励机制，明确激励的标准和方式，并让员工了解这一机制，采用激励理论和方法，对员工的各种需求予以不同程度的满足或者限制，包括薪资、晋升、奖金、股权，等等，引起员工心理状态的变化，以此激发员工的主观能动性。还要定期对激励机制进行评价，根据员工的表现和市场的变化进行调整，以实现员工和企业的共赢。

（8）职业生涯规划。鼓励和关心员工个人的发展，帮助员工制订个人的职业生涯规划，包括就业、培训、学习、工作经验积累等方面，明确职业目标，包括长期目标和短期目标，进一步激发员工的积极性和创造性，为员工的职业发展指引明确的方向。

（9）人力资源会计。与财务部门进行统筹合作，建立人力资源会计体系，开展人力资源投资成本与产出效益的核算工作，管理和监督人力资源成本，分析和解释有关人力资源的财务数据，提供有关人力资源的财务建议，等等。

（10）劳动关系管理。协调和改善企业与员工之间的关系，促进企业和员工之间的合作与共同发展。对员工的劳动合同进行管理，包括签订、更改、续签等事项。制定福利政策，保障员工的基本福利待遇和员工的基本权益。制定绩效考核标准，对员工的绩效进行评估和管理。进行企业文化建设，维护和谐的劳动关系和良好的工作氛围，保障企业经营活动的正常开展。

　　由此可见，人力资源管理不是简简单单地在招聘网站发布招聘启事，而是一种科学的、精细化的企业管理方式，在企业日常的管理中，渗透到每一个细微之处，统筹协调企业营运的每一个环节，使企业不断地发展壮大。

二、人力资源管理对企业的重要作用

当前的社会形态中，企业单位的数量在不断增加，而近年来适龄劳动力的数量却在不断减少，这就导致企业与企业之间的人力资源竞争异常激烈，一个企业如果想发展壮大，就需要做好基础的人力资源管理，提升自身竞争力，吸引更多的人才来帮助企业更好地发展，所以，人力资源管理对一个企业的发展来说是不可或缺的。

良好的人力资源管理能够激发每一个员工的内在潜能；可以给企业规划更明确的发展方向；可以使财务部门拥有更清晰合理的资产结构；可以建立积极向上的企业文化，树立良好的企业形象；可以为企业谋求更多的利益，也使企业为社会做出更大的贡献。人力资源管理如果跟不上企业发展的节奏，就会变成企业发展的绊脚石，阻碍企业的发展壮大，甚至会导致企业无法正常运行。

现代化的科学的人力资源管理对企业的发展有着重大的意义。

（1）人力资源管理能充分调动员工的工作积极性。

当前的经济形势下，劳动者更加注重自我价值的提升，而现代化的人力资源管理也更加强调"以人为本"的理念，把对员工的尊重和员工的未来发展放在第一位，定期对员工进行专业、系统的培训，培训内容既有员工岗位专业内的，也有本职工作之外的，有利于提高员工的综合素质，促进员工的职业发展。

除了定期对员工进行系统培训，人力资源管理工作者也会组织一些企业内部的活动，这些活动能有效地缓解员工日常工作中的压力，增进同事之间的感情，为员工创造良好的工作环境和氛围。

同时，人力资源管理能建立公平、公正、公开的工作评价体系和考核机制，并设立对应的奖惩措施，调动员工的积极性，在员工之间营造良性的竞争氛围，从而大大提高员工的工作效率和企业的产能效益，促进企业健康平稳发展。

（2）人力资源管理能有效地控制用人成本。

在企业创立与发展进程中，最重要的就是对人力的合理运用。很多企业往往招聘了大量的员工，但在实际工作中，却有很多人都未被运用在合适的位置上，常常是有些岗位的员工忙得不可开交，而有些岗位的员工却闲得无所事事。员工的工作强度分配不均，久之则会使员工觉得不公平，丧失工作的积极性。还有一种常见的情况，某类岗位的工作强度并不大，却招聘了多人负责，导致出现人力过剩的现象。

人力资源管理则能对企业的人力资源进行合理的规划，减少企业运营过程中出现的人力过剩的现象，当然也能合理分配各岗位工作量，避免因工作量分配不均而导致员工失去工作热情。人力资源管理的最终目标是以最小的劳动力消耗，实现企业利益的最大化。

人力资源管理还强调对员工的重视，强调要不断完善员工的知识体系，并建立积极的企业文化，增强员工的企业认同感，从而有效降低员工的离职率，达到控制人力资源成本的目的，使企业的经济效益得到提升。

（3）人力资源管理能有效促进生产效率的提高。

劳动生产率是衡量一个企业的经济效益和竞争力的重要指标，也是企业成长的根本。在企业中，生产是保障企业顺利运营，获得经济效益最重要的手段，也是企业发展的根本途径，而人力资源管理则是保证企业顺利生产的前提条件。

人力资源管理可以通过一系列的管理措施，实现对员工的最优管理，充分调动员工的工作积极性，从而实现企业生产效率的提升。

此外，人力资源管理还可以为企业选择和培养优秀的人才，并根据企业发展的需要，进行合理的人才储备，不仅包括生产技术岗位，还包括管理运营岗位，为企业的顺利运行提供坚实的人才支持。

综上所述，人力资源管理是企业管理的核心，一个企业的生产发展与人力资源管理直接挂钩，人力资源管理的水平直接影响企业经营能力。我国企业目前的发展正需要大力依靠人力资源管理，从而加强企业的管理能力及创新能力，提升企业的综合实力和市场竞争力，保证企业的持续稳健发展。

三、企业人力资源管理的现状

企业就是一个大的组织，在组织中，对人才、团队、变革、系统等相关问题，每个人都有自己的思维模式，不同的思维模式是冲突的来源，这些思维模式拥有固定的框架和偏好，常常会形成思维定式，使人在处理问题上，无意识地被框架框住，受到自身经验和偏见的影响。

再者，我国是世界上人口最多的国家，拥有着极大量的劳动力，再加上近年来，中国企业发展迅速，需要的劳动力越来越多，但同时一些问题也随之而来。目前，很多企业的人力资源管理能力与企业的发展不协调，企业没有建立完善的人力资源管理系统，使得员工与企业之间缺少沟通的桥梁，彼此的需求无法充分表达，导致企业与员工之间出现诸多矛盾。

综观现代企业人力资源管理情况，发现有很多问题亟待解决。

（1）企业缺乏创新的管理理念。

笔者通过分析我国企业的管理模式发现，很多企业在实际运行中，缺少创新管理理念，依旧将"事"作为管理的重心，而忽视了对"人"的管理。企业普遍存在人员流动性大的问题，原因主要是企业没有建立完善的用人机制，没有对员工进行综合培训和岗位需求解读，也没有对员工建立完善的评价体系，缺少人才储备思维，导致人力资源管理工作只局限于形式，而没有真正对企业发展发挥应有的作用。

我国大部分企业都受传统的管理体制影响，缺乏对人力资源管理的重视，忽视人才的管理，人力资源管理的优势没有得到充分发挥，导致员工的积极主动性没有被很好地调动起来，自身潜能没有被充分挖掘，自身价值也没有得到很好体现，从而对企业的发展造成极大的负面影响。

（2）企业缺乏完善的管理制度。

当前的市场竞争非常激烈，企业对人才的竞争亦然，但在实际的调查中，我们发现企业的人力资源管理制度并不完善，直接导致企业失去人才竞争的优势。比如在员工评价体系中，对员工的奖励形式只有职位的晋升，没有其他更为直观的，或短期内对员工有更大吸引力的奖励措施，这就使得员工在短期内无法获得工作上的满足感，从而易产生消极心理，进而影响企业的生产效率。

再者，很多企业甚至没有建立合理的薪酬体系，无法保障员工应该享有的基础薪资和福利待遇，这同样导致员工在日常工作中缺少努力的动力。而且，薪酬和福利是员工在择业时考虑的第一因素，如果员工的基本利益无法得到保证，员工就无法获得最基本的安全感，这在一定程度上也会增加人员的流动性，不利于企业的稳定。

（3）企业缺乏完善的用人体系。

很多企业目前一味追求吸纳高精尖人才，在日常的招聘中，没有从岗位的实际需求出发，而是一律招纳高学历人才，而这些人才进入企业以后，企业需要付与其高薪，但其岗位的实际生产效益可能并不高，于是造成企业成本加大，利润减少。况且企业所提供的岗位也未必能满足高学历人才的精神需求，最终很可能会导致人才的流失。

企业的人力资源管理部门在招聘方面，可以参考以下流程：明确需求、多方寻搜、面试鉴别、决定是否录用。

招聘需求的分析思路如下：先明确企业的业务目标；然后根据业务流程和分工来决定企业结构，设定岗位；之后进行人才盘点，分析企业的人才现状，明确企业还需要什么样的人，需要多少人；最后制定人才策略，是进行内部培养还是外部招聘，同时要考虑为企业的未来发展做好人才储备。

确定需求之后，进行多方搜寻。心要狠，要有不达目的誓不罢休的招聘精神，切忌浅尝辄止；手要准，要清楚地知道人才在哪里，应从哪些渠道来引进人才；脚要勤，要持续地搜寻人才，持之以恒才有收获；路要广，要发动一切可以寻找到人才的力量，集体的力量比个人的力量更大。

在搜寻到人才之后，还要对人才进行面试鉴别，知识和技能只是表象，要深挖求职者潜在的信息，比如项目经验，价值观，对工作的态度，以及奋斗的动机和内驱力，等等。从求职者过去的经验和经历来分析预测其未来在同样或类似工作环境中的行为能力。

到决定是否录用环节，需要考虑求职者是否能给企业带来更大的价值，是否能够提升团队的力量，其个人能力是否在团队中属于中上水平，以及如果这个人去了竞争对手公司，是否会为己方带来压力。

（4）人力资源管理部门的作用未得到充分的发挥。

在大多数企业中，人力资源管理部门仍未得到企业管理者的充分重视，未能发挥其在企业运营中的应有价值。从企业角度来说，人力资源管理是连接公司各个系统的重要纽带，对促进各部门的协调发展起着重要的作用，但实际工作中，人力资源管理部门往往职权受限，不能对企业发展起到引导作用，也未能有效协调各部门之间的关系。在很多企业中，人力资源管理部门只能给予其他部门以有限的支持和帮助，难以实际参与其他部门的运作，这就导致人力资源管理部门无法对其他部门的实际用人需求进行深入的了解，也就无法对企业的人力资源进行科学合理的安排，导致人力资源管理未能有效地发挥其作用。

（5）企业缺乏对员工的培训力度。

我国的很多中小企业在人才培养的规划上都比较薄弱，对培训工作的重要性缺乏正确的认识，新员工入职之后没有接受培训，没有对新环境进行熟悉，就直接参与到工作中。而面对陌生的工作模式和工作流程，多数人都会有些不知所措，无法充分理解工作的内容，这在一定程度上会导致员工对新的工作环境产生抵触情绪，失去对工作的积极性，对企业和员工个人来说，都不是一件好事。

部分企业虽然对新员工安排了一定的培训，但因为缺少较为专业的培训讲师或培训材料，且企业对自身发展没有长远的规划，对培训工作也没有科学且系统的设计，导致培训的内容较为单薄，培训的方式也比较单一，最常见的就是用一个简单的PPT囊括了培训的全部内容。这种培训并不能让员工对企业有更为深入的了解，也无法强化员工对企业的认同。

员工培训并不是单指企业内部的培训，还包括企业外部的培训。企业管理者应该不断学习，不断反思，寻找科学先进的管理方法，摒弃陈旧的、不利于企业发展的管理方法。员工在工作过程中，也需要不断地吸收新的专业知识，学习新的先进技术，从而推动企业更好地发展。而积极参加企业内外的各种培训，对企业管理者和员工来说，无疑都是一个很好的选择。

（6）企业的奖惩机制不健全。

近些年来，受到一些人力资源管理思想的影响，很多企业开始制定一些奖惩制度来管理和激励员工，但我们发现大多数的奖惩机制都缺乏科学性与稳定性，常会跟随管理者的主观意愿发生改变，而且往往惩罚性措施多于奖励性措施，长久下去，自然会遭到员工的不满，使员工对企业的认同感大大降低。

还有一种较为常见的现象，我国很多中小企业，因为前期受自身条件限制，员工多数为企业老板的亲戚或朋友，这就给管理带来一定的局限性，很多惩罚性措施只对普通员工有效，对老板亲友则无效，又或者企业缺少正规的人事管理制度，一些奖惩机制只在制定初期发挥过短暂的作用，后来则因为各种因素不了了之，这些都对企业的发展极为不利。

（7）企业文化建设不够完善。

企业文化是一个企业精神风貌的展示，是企业发展的动力，是员工对企业产生认同感的基础，对企业的持续稳定发展有着重大的推动作用。优秀的企业文化能够帮助企业树立良好的形象，提升企业的社会知名度，能够培养员工正确的价值观，使员工得到更全面的发展。

然而企业文化的建设受企业管理者自身的文化水平和管理水平的限制，就我国目前的情况来看，很多企业领导都对企业文化建设的意义认识不足，不注重企业文化的建设，认为企业只有生存下去和获得利益才是发展的关键，企业文化建设只是一些虚无缥缈的东西，并不能给企业带来真正的利益。因此，很多企业的员工因为缺少企业文化的影响，普遍缺乏对企业的认同感和共同的价值观，对企业未来的发展目标也没有正确的认知，自然无法形成统一的做事标准，不利于日常工作的开展和良好效果的达成。

综上所述，我国企业在人力资源管理方面还普遍存在诸多的问题，需要更多专业的人力资源管理人员为企业提供更为科学的管理理念，以提升企业的市场竞争力，让更多的企业得到发展和壮大。

四、企业人力资源管理制度建设与长远规划

如今，传统的人事管理制度已经不能满足现代企业发展的需求，企业想要发展，必须找寻更为科学的、适合自己的人力资源管理制度，每个企业的发展状况不同，所需要的人力资源管理制度也不尽相同。传统企业想要实现转型，更需要建立人力资源管理机制，做好长远的规划。那么，企业的人力资源管理制度的建设应该从哪些方面入手呢？

（1）企业需要更新人力资源管理的理念。

企业在人力资源管理制度的建设中，需要坚持以人为本的指导思想，在企业的管理制度中加入以人为本的内容，把"人"的发展看作企业发展的第一要义，重视人才的引进与培养，为企业的未来发

展做好充分的人才储备工作。

对于企业的发展来说，最重要的是人才的引进，我们说的人才，既包括那些掌握了先进管理知识的管理型人才，也包括那些掌握先进技术的技术型人才。人才引进不是盲目地招聘高学历人员，而是要根据企业自身的发展需要科学合理地进行对口人才的引进，在保证人才质量的同时，也需要考虑人才队伍结构的合理，多角度、多维度地引进人才，为企业提供符合不同需求的人才。

关于对人才的认识，阿里巴巴公司有自己独特的人才观，会从四个方面来综合考量，分别是聪明、乐观、皮实、自省。聪明，顾名思义就是智商要高，但这只是一方面，还需要有情商。智商看的是一个人的专业能力、思考能力和动手能力，比如在处理问题的时候，看问题的格局，对事物全面认识的能力以及快速应变能力等，有金刚钻儿，才能揽得下瓷器活儿。而情商则能够帮助人与人之间友好和谐地相处，这实际上是一种洞察力和感受力，能够感同身受地走进别人的内心，同时也能够准确表达自己，让别人也能去到自己的内心。

乐观是发自内心的，不是为了迎合别人而去做一些自身本不感兴趣的事情，而装作积极，而是从心底认同某件事，能够感受到做某件事带来的激情，从灵魂深处生发积极的态度，这远比表面的积极更有意义。

皮实就是说很顽强，有很强大的心理承受能力，在面对挫折和失败的时候，不会轻言放弃，更不会被打倒。

至于自省，一个人如果只具备前述三种素质，那么他会是一个很聪明、很乐观而又内心强大的人，但同时也可能会是一个很自负，不能听取他人意见的人，所以还需要一种非常重要的素质，就是自我反省。就像孔子说的："吾日三省吾身：为人谋而不忠乎？与朋友交而不信乎？传不习乎？"

除了加强对人才的引进，企业还应将员工的利益与企业的利益紧密结合在一起，加大力度促进员工与企业一起发展，使员工在企业中充分发挥自身的活力。

（2）企业应建立良好的人才管理机制。

良好的人才管理机制，有利于企业达到加强人力资源管理的目的。对于人才的管理，要从挖掘、选拔、考核、培训等一系列方面入手，切实做好人才的管理工作。企业的各部门之间、上下级之间都应设置完善的人才管理反馈机制，通过有效的沟通、密切的联系以及相互的协作，保证各项工作正常进行，企业平稳有序地运转。

良好的人才管理机制，是保证企业各部门之间和谐运行的基础，建立良好的人才管理机制，不仅能使企业各部门内部的管理更加规范，还能使各部门之间的合作更加紧密，员工合作更加协调，从而使企业更好更快地发展。

（3）提升人力资源管理部门的地位，使其职能得到充分发挥。

人力资源管理部门是企业顺利发展的基础，企业需要对人力资源管理部门进行准确的定位，提升其在企业中的地位，充分发挥人力资源管理部门在企业运转中的实际作用。比如各部门需要协助人力资源管理部门的同事了解本部门工作的基本内容以及未来发展趋势，方便其预测各部门的人力需求，提前为各部门做人才储备计划；公司重大会议，需要给人力资源管理部门参会的权利，有利于人力资源管理部门了解企业未来的发展方向和需求，为企业制订更为合理的人才计划等。

此外，人力资源管理部门还需要将工作拓展到企业宏观的计划、调度、运作等管理层面，全面了解企业的管理模式，对有关企业的各种信息都保持高度的敏感，以助力企业在市场竞争中处于有利的地位。

企业还需要最大程度地开发和完善人力资源管理部门的职能，建立完善的人力资源管理体系，提升人力资源管理部门的实际工作能力，使人力资源管理部门真正尽到应尽的责任和义务，人力资源管理在企业的日常运转中发挥出最大的价值。

（4）保障与提高员工的基本权利。

作为员工，为企业奉献的动力来自合理的薪酬和福利。员工为企业的发展付出了自己的劳动，企业就应该向员工付出对应的报酬。作为企业，应秉持公平公正的原则，建立科学化、合理化的薪酬管理制度。合理的薪酬制度不仅能提高员工的工作积极性，还能增强员工对企业的认同感，激发员工更大的潜能，使其为公司创造更多的价值。

企业除了保证员工获得应有的劳动报酬之外，还应该保证员工其他合理合法的福利待遇，比如《劳动法》规定的五险一金，每天八小时、每周不超过四十个小时的合理工作时间，法定节假日正常休假，员工加班获得合理的补偿或奖励，等等。完善的薪酬福利制度能更好地解决员工的后顾之忧，增强员工的安全感、企业认同感和工作热情。

企业还应建立合理的奖励机制，比如在员工超额完成任务之后，给予一定的提成；对日常表现积极，切实维护企业利益的员工给予表彰或物质上的奖励；设立"全勤奖"，对认真遵守公司规章制度的员工予以奖励，等等。这种切实有效的奖励制度相对于惩罚制度而言，更能提高员工的主观能动性和积极参与意识，对企业的管理有着积极的作用。

企业的人力资源管理建设是一个长期且需要不断改进的过程，对于企业来说，人力资源管理是发展的基础，非常重要，做好基础工作，才能实现更长远的目标。企业应制定适合自身发展现状的人力资源管理制度，并随着自身的发展不断对其进行优化，使其与企业共同进步，持续为企业的发展发挥积极的作用。

五、企业人力资源的优化管理

时代是不断在发展的，社会也是不断在进步的，企业的人力资源管理制度也应随着企业的发展不断进行优化完善，以维持最科学合理的管理制度，符合最新的时代要求，保证企业的社会竞争力。根据我们的调查研究，企业可以从如下几个方面进行人力资源管理的优化。

（1）更新观念，突出对人才的人本终极关注。

不同于传统的企业管理理念，现代企业的管理更强调以人为本，创新观念，突出对企业人力资源的人本关怀。我们多次提到以人为本，这是现代企业人力资源管理中的精髓，它提倡把"人"看成企业中最宝贵的资源，注重"人"的需要和发展，"人"

是可以增值的资本。

　　人本管理要求企业的管理者以身作则，充分发挥个人的知识、技能和人格力量，来影响和提升员工这三个方面的素质，并从员工的反馈中得到一些有利于自己的素材，从而提升自身的管理水平，同时，根据这些反馈来调整管理措施，尊重员工的意见与建议。

　　现代企业管理的重点是为员工创造一个和谐、温馨的工作环境，员工在这样的环境里可以充分地发挥个人的特长，产出更大的效益，同时也能提升个人的工作能力，满足个人的精神和物质等方面的需求。这就需要企业的管理者在日常的管理过程中最大限度地把自己的能力发挥出来，满足员工的合理要求，同时在保证原则和总体利益的基础上，使员工所追求的公平公正、平等自由得到最大程度的实现。确立与当今时代相适应的人力资源管理观念，包括"人是资源"的观念、"人力资源是第一资源"的观念、"人力资本投入优先"的观念、"员工与企业同步成长"的观念、"科学管理"的观念，等等。

　　在阿里巴巴公司的管理中，"视人为人、以人成事、借事修人、人事合一"，这四条理念始终贯穿在一切管理活动中。阿里对企业管理者的要求是"人事合一"，在谈一个人的时候，不能抛开项目单纯谈论个人，而是要根据业务进展的程度来讲这个人做了什么，做得怎么样；同时，在谈论业务的时候，也不能只讲业务，而是要根据团队的人员状况进行排兵布阵，什么样的人适合什么类型的工作，在哪些方面比较擅长，根据人员状况来进行业务的开展。在工作过程中，员工个人的感受、参与度与参与的质量，都需要管理者进行了解与掌控，这就需要管理者具备敏锐的、随时发现问题的能力。

　　对于阿里的管理者而言，自身的使命是成就他人，帮助每个员工成为最独特的自己。从成为管理者的那一天起，自身的成功已经是过去式，而之后需要做的是帮助别人成功，去成就他人。所以，管理者的时间更多需要花费在培养员工方面，让员工去做不同的事，经历不同的风浪，去感受挫折，去收获成功，在经历种种风浪之后，依然能保持乐观积极的心态，让每一个员工都能成为更好的自己。

尽管目前很多企业与阿里相比，规模还很小，但在人力资源管理方面，无论是大企业还是中小企业，当务之急都是尽快制定出面向未来的人力资源管理策略，稳定企业的人才梯队，提升员工的基本素养，优化企业的人力资源结构，增强员工的活力，从而更好地提升企业的生命力和竞争力，争取将企业做大做强，为中国的企业发展贡献更多的力量。

（2）优化人力资本。

从人力资源管理上升到人力资本管理，这是企业人本化管理的必然趋势，人力资本管理的最终目的是提高企业的核心竞争力。

我们所说的人力资本，简而言之，是指员工个人所拥有的知识水平、技术能力以及工作能力。如果从员工的角度来解读，人力资本就是个人非天生的、在后天工作学习中所获得的一些具有经济价值的能力的总和。

人力资源和人力资本有很大的不同，首先在理论上，人力资源是数量化的，而人力资本则是质量化的；其次，人力资源是没有经过开发的，是客观存在的，而人力资本则是人力资源经过开发之后才能体现出来的一种结果。

在漫长的经济发展历程里，除了土地、资本、劳动力等传统的生产要素为经济的增长做出了巨大的贡献之外，人力资本的不断积累也是功不可没的。经济长期稳定增长的根本动力就是人力资本，而企业人力资本的积累和价值增长，也同样有利于企业的持续平稳发展。

（3）重组人力资源管理流程。

业务流程重组这一新的管理思想来源于美国，在20世纪90年代得到广泛传播，中国学术界在20世纪90年代中期引入此种理念。业务流程重组的核心就是抛弃原有的企业业务流程，从根本上进行新的思考和设计，从而提高企业的效益。

通过对业务流程重组的研究不难发现，它是重点关注客户的需求和满意度，把不合理的业务流程抛弃，重新设计和制定新的流程，利用先进的制造、信息技术以及现代化的管理手段，来实现技术上的成功和管理上的职能集合，建立起一个全新的过程型组织结构，从而实现企业在生产经营成本、产品质量、服务质量等方面的极大改善。

业务流程重组的模式是打破之前的管理组织结构，将各部门、各环节组成一个新的有机整体，形成一个新的系统，实现资源的共享和各个部门之间的工作协调，使企业能够快速地适应社会的发展节奏，使企业员工能共同参与企业管理，使企业从高层到基层，各层间都能实现有效沟通，从而使企业具有强大的适应能力和应变能力。

因此，想要真正地做好业务流程重组，第一步需要将硬性因素重新进行设计，比如组织架构，管理制度，以及业务流程等；然后还要对软性因素进行优化，比如企业内部沟通方式、企业文化等。

而重组后的企业人力资源管理流程，应是把人力资源管理和企业未来的发展战略结合在一起，突出信息收集、意见反馈和各方满意度三个方面的指标，从而更好地体现人力资源管理工作的基础意义，实现企业人本化管理。

一个企业的人力资源管理流程的调整，对企业的发展有着重大的意义。阿里从一个18人的团队成长为一个庞大的商业帝国，过程中每一个阶段其组织结构都有所优化。阿里的领导者不仅在商业运营方面有着卓越的智慧，更在企业的结构设计、用人管理上展现出了卓越的才华。

阿里成立之初，只有四大业务板块：B2B、淘宝、支付宝和雅虎中国。后来不断引进职业经理人，并且通过内部培养，产生了大量的优秀员工、业务骨干，同时不断地发展新的业务板块和进行人事调整，至2012年成立了阿里的七大事业群——淘宝网、一淘网、天猫、聚划算、国际业务、小企业业务和阿里云。到了2013年，阿里的七大事业群又被拆分成了25个事业部，并一改之前的管理制度，采取总裁负责制，这次改革被称为阿里成立以来最艰难的一次组织、文化变革。在此次变革中，阿里全体员工齐心合力，积极应对激烈的外部竞争和移动端流量崛起给公司带来的冲击；重新配置资源，给有能力的人更多的机会，给年轻人更大的发展空间；同时也开始物色，培养未来的接班人。2014年，在张勇的带领下，阿里开始向移动端转型，张勇在任期间，展现出卓越的商业才华和领导能力，使阿里的业绩持续13个季度稳健增长，并为阿里制定了新的发展战略，使阿里从传统的电商型公司，转变为以大数据、云计算为基础的科技型公司，其制定的由新零售、新金融、新制造、新技术和新能源五个内容板块组成的"五新战略"，为阿里后来的发展奠定了坚实的基础。

作为阿里最大的竞争对手，京东也在企业发展中进行了多次管理变革。相较于阿里，京东主营零售，员工数量更多，组织架构更为复杂，与阿里的扁平式组织架构有很大的区别。

京东在上市前，首次引进职业经理人并对其进行充分赋权，尽管京东成功上市后职业经理人大都先后离职，但这毕竟是一次管理变革的尝试。

京东的第二次管理变革在2018年前后，当时电商红利逐渐消退，市场竞争更加激烈，京东被迫进行业务和组织的双重改革，引用"积木型组织"管理理论，积极解决历史遗留问题，使企业更加适应严峻的行业竞争。

（4）构建互联网+大数据技术人才交流平台。

众所周知，传统的人力资源信息管理不能科学合理地收集整合员工的日常工作信息，也无法及时了解员工的工作需求，因此无法对员工进行科学化的管理，无法适应新时代的需求。在这种情况下，就需要对人力资源信息管理的流程进行深度的改革与优化。

在现代化企业管理中，利用互联网＋大数据技术建立人才交流平台来进行员工管理已经取得了显著的成绩，也是未来企业进行人力资源管理的必然趋势。这种人才交流平台是一个网状的组织，能合理优化企业内外的资源配置，实现"去中心化"的管理模式，所有成员在平台中都具有话语权，都能成为平台的核心，成员之间的交流更加畅通无阻，互动更加便利，进而使得现代企业人力资源管理逐渐转向以"人"为中心的管理模式，为员工之间搭建更为便捷的交流渠道，让企业中人力资源的价值得到最大最有效的发挥。

综上所述，企业人力资源管理的优化，是一个长期的过程，需要建立专业的、高效的、完善的人力资源管理机制，更新人力资源管理观念，利用科学化、数据化的管理模式，建立专业的人力资源管理队伍和信息系统，将最为先进的技术运用于企业的人力资源管理工作中，如此，才能建立真正的以人为本的人力资源管理制度，才能保持企业在社会中的核心竞争力，保证企业未来发展目标的实现。

六、人力资源管理与人才的培养

人才问题是当今企业面对激烈的市场竞争而谋求长远发展的关键问题，人才优势是企业竞争力的核心，是企业未来的希望，在当前的社会竞争中，企业只有加强对人才的培养和吸纳，才能立于不败之地。而对于大多数企业来说，获得人才的渠道都是极为有限的，成熟型的人才在市场中非常抢手，往往需要花费大量的人力物力才能成功吸纳，所以，当前对企业而言，重中之重是培养人才，通过不断培养技能型人才，来壮大自己的人才队伍，提升企业在市场中的竞争力。

企业对人才的培养，离不开人力资源管理部门的努力，在日常工作中，人力资源管理部门通常可以从以下几个方面来推行人才培养计划。

（1）明确企业对人才的需求。

人力资源管理部门作为企业人才培养的主要负责部门，首先需要明确企业所需的人才类型和人才数量，根据企业的发展现状和未来发展需要预估所需人才，包括管理型人才和技能型人才，然后制定出所需人才的结构标准，具体到人才的年龄、性别、专业技能等事项，根据制定的标准，选拔合适的人才，保证企业人才结构的合理性。

在明确人才需求和标准之后，人力资源管理部门对所需人才有两种获取方式。第一种，可以采取外部招聘的方式，根据制定的人才标准，选拔合适的人才，给企业注入新鲜的血液，提升企业的活力和技术水平。第二种，可以在企业内部挖掘合适的人才，利用培训等方式，提高其技术能力，激发其潜力，不断进行人才优化，最大化提升员工的价值。

（2）定期开展培训，实现技能型人才培养。

全球经济一体化之后，企业获得了很大的发展空间，也拥有了更多的发展机会，但任何事物都有两面性，企业所面临的竞争形势也更加严峻。社会发展越来越快，市场竞争也越来越激烈，企业的业务和所需人才也随之有所变化。

面对这种情况，企业就需要有计划地对员工进行培训，让员工学习新的技能，从而保证企业在变更业务内容的时候，有相应的技术人才可以使用，既节约了人力资源成本，也拓宽了员工个人的职业发展道路。

在员工的自愿配合下，企业可以在员工完成本职工作之余，定期为员工开展专业知识和技能的培训，以此来提升其工作能力。还可以在培训中设置一些不同领域的课程，让员工可以根据自己的兴趣和特长自由选择，这样既能挖掘出更多方向的潜在技能型人才，也有利于员工的个人发展。

技能型人才培养计划的开展，有利于员工自我挑战意识的增强，不断学习新的技能，在发展中看到自己的特长和优点，提升个人的专业素质和业务水平。

同时，技能型人才培养计划的开展，也有利于为企业储备更多的技术人才，增强企业的核心竞争力。

（3）利用员工的参与感提升其素养。

以技能型人才为例，他们本身拥有较强的专业知识和技能，这些可能是企业领导者所不具备的，所以对技能型人才，关于专业技术方面的事，可以充分予以授权，以此来提升其在企业发展中的参与感和责任感。

同时，当企业遇到技术难题时，拥有自主决定权有利于技能型人才第一时间了解问题，决定处理方式，在不断地解决问题中得到成长。技能型人才遇到的问题越多，解决问题的思路就会越广阔，经验也会越丰富，这对其个人的成长有着很大的帮助。这样，一方面技能型人才在充满挑战的环境中更能激发自身的潜力，另一方面，自主决定权的拥有，又能增加其对企业的归属感和认同感，从而为企业的发展带来极大的帮助。

（4）制定绩效目标和考核标准。

对于一个企业的运营和发展来说，员工的绩效目标的制定和工作考核是必不可少的。对技能型人才的绩效目标制定和考核，要与企业的运营计划相结合，制定每个月度、季度及年度需要完成的目标，并充分听取员工的意见，保证目标的科学合理。

（5）制定相关的激励机制。

对人才的激励方式不能只是经济奖励，更重要的是帮助人才获得综合素质的发展和专业技能的提升。虽然经济奖励是必不可少的，但给予人才更大的发展空间，才能更好地调动其工作积极性。

企业人才一般分为管理型人才和技能型人才，其培养方式有所不同。

管理型人才的培养方式有三种：

第一，管理培训生计划，也就是我们常说的"管培生计划"。管培生一般是企业从应届毕业生中直接筛选出来的具有管理潜能的新员工，通过对这类员工进行专门的、系统的、专业的培养，包括系统培训、轮岗、导师辅导等一系列的培养措施，能够有效且迅速地提升其基本工作素质、工作技能和管理技能。管培生会被安排到企业内部的管理岗位进行实践，承担一定的管理职责。这种培训方式，适合急需人才的企业大批地培养新人，或者大型企业进行人才储备。

第二，企业接班计划，也就是我们常说的培养接班人计划。一般是企业从内部员工中进行人才评价与筛选，持续考察那些有上进心，有能力，有潜力成为企业中、高层管理人员的员工，并对他们在工作技能和个人综合素质上进行更加专业的培训，然后通过一系列的考核，挑选出合适的员工，再通过内部晋升的方式，安排他们逐步接手企业中的重要管理岗位。这种方式的好处是对这些员工的背景知根知底，且从基层晋升上来的管理人员，拥有顽强的奋斗精神，也更能理解基层员工的实际需求，更加有利于企业的人力资源管理。

第三，人才加速储备库计划。这种计划是从总体上为企业高管岗位发掘和培养具有高潜质的后备人才。以一些具有较高挑战性的工作任务，为后备人才提供学习的机会，培养他们解决问题的能力，加快后备人才的成长进程。这类计划，属于专项人才培养计划，是有一定针对性的，对人才的要求较高，但同时，这些后备人才未来的发展也有更广阔的空间。

技能型人才的培养方式也有三种；

第一，岗位技能培训，主要分为岗前培训、在岗培训和转岗培训三个阶段。岗前培训，是员工了解企业历史背景、现状和未来发展规划的重要途径，也是员工了解企业文化和企业制度的必备过程，同时，岗前培训也能使员工更快地了解其岗位工作需求，熟悉基本的岗位知识技能；在岗培训，在于进一步提高员工的岗位知识和技术水平；转岗培训则是当员工岗位发生调动时，就新岗位对员工进行相关知识培训，从而使员工快速适应新岗位的工作。

第二，专业技术人员培训。这类人员又分为两种，一种是中老年技术人员，一种是年轻技术人员。中老年技术人员，本身工作经验比较丰富，技术水平较高，只需要定期对其进行知识更新培训即可，以扩大其视野，使其能更好地适应时代的需要；而年轻技术人员经验相对较少，就需要通过培训使其获得更多的专业知识，并给予他们一些深入基层积累经验的机会，从而帮助他们快速地提升专业技术水平。

第三，建立技能鉴定制度。随着企业对专业技术人员的需求越来越多，技能培训机制也逐步地建立和完善，与之对应的人才技能鉴定制度也需要尽快建立起来。

综上所述，长远的人才培养规划对于现代企业的人力资源管理来说是非常重要的，建立企业内部后备人才梯队势在必行。

七、企业人才培养的对策方案

企业人才的培养无外乎两个重点，如何留住老员工和如何用好新员工。对于企业来说，想要获得更为长远的发展，就需要不断地注入新鲜的血液，需要招聘更优秀的人才；同时，企业的老员工也不能故步自封，要不断学习新的知识技能，弥补自身的不足，完善个人的专业技能，跟上时代发展的步伐。那么，企业在人力资源管理过程中，应该如何建立人才培养的对策方案呢？

第一，员工招聘，需要遵循"最合适"的原则，人才的引进需要根据企业发展实况和需求来进行，同时也需要考虑人才自身的需求，对各项主客观因素进行综合评估，选择最合适的人才进入岗位。最合适的人才可能不是学历最高的，技术最好的，但一定是企业现阶段所需要的，适合企业的，能与企业一同发展的。

第二，良好的工作环境是员工努力工作的基础，也是员工心理上得到放松的基础。轻松愉悦的办公环境，和谐友好的同事关系，通情达理的部门领导，以及能够听取基层员工建议的高层领导，等等，都是人才选择企业的重要影响因素。

第三，员工在工作中常处于压力很大的状态，所以企业要给员工适度鼓励，给予员工更多、更好的发展机会，使员工获得满足感和成就感，员工的心理需求得到满足，才会心甘情愿地为企业做贡献。

第四，企业对人才需要知人善用，用人不疑，内部晋升公平公正，给予员工足够的发展空间，增加员工的企业归属感和工作满意度，如此才能更好地留住人才。

第五，建立人才发展通道，企业的人力资源管理部门需要加强对员工的关怀，通过与员工的沟通了解其未来的职业发展规划，为员工提供更为广阔的发展道路，鼓励员工不断地提升个人的专业技术能力和综合实力，以实现个人职位的上升。企业可为员工分别提供管理类和技术类发展渠道，员工可以根据个人实际需求和兴趣来选择适合自己的发展道路。

第六，企业应建立完善的人才选拔机制。对于人才的选拔，企业应制定明确的标准与流程，具体标准可根据企业的后备人才库情况进行制定，涉及员工的年龄、学历、经验、专业技能、个人素质、未来发展需求、对于企业文化的认同度和对企业的贡献度等方面，同时也需要考虑人才能力与企业核心能力的契合度等，从而建立相对完善的选拔标准，为企业储备更优秀、更合适的人才。

第七，完善培养机制。人才的培养方法是多种多样的，一般有培训、轮岗、导师辅导等方式，这些培养方式虽然适合的岗位不同，但目的都是为了企业能够得到合适的人才。所以，企业需要根据不同的岗位，不同的专业，不同的人才类别，选择合适的培养方式，对人才进行培养。后续还需要制定一系列的考核办法，对人才培养的效果进行评估和反馈，及时修正不合适的培训方式，让人才培养真正落到实处，为企业培养出真正有用的人才。

第八，企业还需要完善人才退出机制。企业运营过程中，员工的流动是很正常的现象，为了保证企业能够最大限度地选择优秀的人才进行后备人才的储备，需要制定合理的人才退出机制，使后备人才队伍与企业发展的实际需要保持一致，激励后备人才不断地学习和创新。

人力资源管理是企业管理不可或缺的重要组成部分，企业的一切发展都离不开人力资源管理的建设，当前我国的企业需要加大人力资源管理建设力度，为企业的发展提供更多的支持，为我国的经济发展做出更大的贡献。

第三章 企业与高校的关系

一、人才是企业的血脉

在人才竞争日益激烈的时代，企业只有意识到人才的重要性，并更快地行动起来，领先对手抢占人才先机，才能在这个以人才为导向的社会中取得最终胜利。

人才自古以来就是推动社会发展的主动力。对于人才的重视自古有之，在历史上，我国历代的思想家、政治家都曾发出类似"千军易得，一将难求"的感叹，最著名的求贤若渴的故事便是三国时期刘备对诸葛亮三顾茅庐的故事。

对于企业而言，人才就是效率，人才就是财富。人才是构成企业的基础。

墨子曾说过："国有贤良之士众，则国家之治厚；贤良之士寡，则国家之治薄。故大人之务在于众贤而已。"这几句话的意思是国家若是有众多的人才，统治者便能把国家治理得很好，反之国家人才凋零，治理起来也会相对困难。"国以人兴，政以才治。"无论是国家治理还是企业管理，选人用人都是重中之重的事情。正如东汉学者王符所说，"治世不得真贤，譬犹治疾不得真药也"。因此，企业想要获得长久发展，便要注重人才的培养以及如何留住人才，给予人才能够充分发挥所长的平台。

企业中的人才并不是一成不变的存在。人才具有很强的流动性。当今社会，是人才竞争的时代，谁占据大量的高素质人才资源，谁就能在竞争中占有主动权。

而人才的流失对于企业而言是致命打击，不仅会阻碍企业向上发展，还会对企业生产造成严重影响。

而人才的流失，其实是由多方面因素造成的。具体分析，可以分为以下几个方面：

其一，人才流失与企业所提供的薪酬待遇有关。

当今企业吸引人才最主要的手段便是薪酬待遇。薪酬待遇不仅反映了一个企业的实力，同时也反映出了企业的发展前景。

　　然而薪酬待遇并不单单是指工资，而是企业能够提供给员工的方方面面的福利。例如企业是否能为员工解决户籍迁移问题，以及子女教育、住房等社会性福利问题。

　　这些福利都包含在企业愿意提供给人才的薪酬待遇中，成为企业争夺人才的筹码。

　　因此在人才争夺中，有的企业甚至给出只要愿意入职便提供一套住房的承诺。由此可见薪酬待遇对于人才的吸引力。

　　其二，人才的流失与企业无法给人才提供可充分发挥其能力的平台有关。

　　人才在选择企业的时候，除了薪酬待遇问题外，最为重视的就是企业能否提供可实现个人价值的平台。人才的成长不是一蹴而就的，而是要经过长时间的培养，逐步成长起来。当企业无法再给人才提供与之相匹配的发展空间，甚至无法将人才妥善安排在合适的岗位上时，人才流失将是必然的。

　　其三，企业缺少适合人才发展的企业文化。

　　在一些企业内官僚主义盛行，领导者和员工之间存在着严重的隔阂，缺乏畅通的沟通渠道，这会让人才觉得不受企业重视，进而导致人才流失。

另外，企业中的人际关系错综复杂，尤其是一些职能安排混乱的企业，这容易导致有背景的员工可以依靠人脉关系获得晋升，而能力出色但缺乏人脉关系的员工却只能默默付出，得不到应有的回报和发展。如此，久而久之就会造成企业人心涣散，能力出色又有抱负的员工逐渐流失。

以上三点是企业人才流失的主要原因，企业若想留住人才，就必须要从以下几个方面着手。

（1）根据发展策略，制定有效的激励机制。

人才是企业最为重要的资源，若想让人才尽其所能地为企业做出贡献，那么企业也要相应地给予人才合理且丰厚的报酬，使人才付出的汗水得到对应回报。因此企业建立有效的激励机制，可以更好地规范员工的工作，并且激励员工拿出更加积极的态度对待工作。

建立有效的激励机制，一要在企业发展的同时，不断提高员工的收入水平，并根据其贡献大小，适当拉开分配档次；二要不断完善奖励制度，建立企业奖励基金，对有突出贡献的员工实行奖励；三要不断完善福利制度，保证员工的福利待遇随着企业效益的提高而不断提高。

（2）制定合理的竞争机制，培养和强化人才的竞争意识。

社会在快速发展，人才所掌握的知识和技能若是跟不上时代发展的脚步，很快就会落伍。因此，人才只有不断学习才能够保持自己的人才属性。企业应该推行公开选拔、竞争上岗和职务聘任制度，增强人才的职业竞争意识和风险意识，激发人才的学习动力，从而不断挖掘人才的潜力，使其带给企业更多的利益。

（3）加强企业文化建设。

企业要留住人才，必须建立一个良好的文化氛围和工作环境。一要尊重、信任与关心人才，做到"乐人才之乐，忧人才之忧"，充分调动人才的积极性；二要树立"以人为本"的管理思想，倡导"团结、进取、高效、创新"的企业精神，塑造良好的企业形象，形成积极进取、崇尚竞争的企业文化，进一步促进企业内部的团结、合作精神，"团结出人才、团结生财富"，从而增强企业的凝聚力和战斗力。

综上所述，企业若想留住人才就要不吝对员工的付出。企业要给员工足够的发展机会和空间，重视对人才的培养和付出，给予他们展示能力和才华的良好环境，并建立健全有效的奖励机制，让员工看到企业和个人的发展前景，如此才能够留住人才，并吸引更多更优秀的人才加入。

时代在变化，企业要发展，技术就需要更新，而技术的更新离不开人才。所以，企业需要有足够的人才储备，才能让企业的发展更上一个台阶。

二、高等院校为企业提供人才

企业和社会需要大量的人才来推动发展，因此社会和企业对于人才的需求越来越强烈，高等院校作为人才的摇篮，也越来越受到社会和企业的关注。

高等院校作为培养人才的基地，招收了大量的高校生，如何对这些高校生进行高质量的培养，是高等院校所面临的巨大难题。

高校对于人才的培养与社会对于人才的需求相对应。如当今社会，更加注重的是技术型、全能型的人才，因此高等院校中，学生也更倾向技术类专业。但久而久之，也造成技术型人才供大于求，从而导致人才资源的浪费和人才结构的失衡。

人才结构失衡问题在我国已经呈现出越来越严

重的趋势。人才结构的失衡会导致我国企业整体发展受到限制，高等院校也会受到影响，导致一些专业生源短缺，进而造成相关行业人才的紧缺。

社会的进步需要各行各业共同带动，企业的发展也需要不同领域和不同类型的人才配合推动。当人才结构失衡的时候，就意味着高等院校人才培养的失败。

因此高等院校在培养人才的时候，要从以下几个方面来进行：

（1）以思想教育为根本，培养有责任心、有担当的人才。

如今的人才越来越重视个人利益，选择工作的时候，往往更加重视该工作能给自己带来多大的利益，而忽略了该工作对社会、对人类的长远意义。

因此高校在培养人才的时候，要将立德树人作为主阵地，紧扣"培养怎样的人才、怎样培养人才、为谁培养人才"等问题，培养出一批有志向、有责任心的人才。

（2）以专业课为重心，培养有真才实学的人才。

高校作为创新人才培养基地，首先要拥有一支专业素质过硬的教师队伍，要坚持引育结合，一方面，要注重本土拔尖人才、领军人物的培养，另一方面，要注重外来优秀人才的引进。

其次要形成优良的教风，高校要加强对教师教书育人能力的评价与考核，倡导教师带着先进研究成果和前沿研究项目进课堂，全面提升课堂教学质量。

最后要形成优良的学风，对于处在成长黄金时期的高校生，高校要引导其树立优良的学习风气，不怕吃苦，积极进取，认真学习专业知识，扎实练就过硬本领，使其成为拥有真才实学的高水平创新人才。

（3）加强素质教育，培养全面发展的人才。

素质是个人的潜在能力。高等院校往往容易忽略对学生素质的培养，这就造成了学生专业技能强而综合素质低的现象，如此同样不利于企业和社会的发展，甚至会影响高等院校的口碑。

高等院校培养、提高学生的综合素质，可以让学生心灵更丰盈、精神更饱满、人格更完善、能力更彰显。而想要培养有较高综合素质的人才，高校需要改革课程体系，将理论和实践相结合，突出德育实效，加强智育和体育锻炼，培养德智体美劳全面发展的人才。

从以上三点对学生进行全方位培养的同时，高校还需要加强与企业的沟通，在院校和企业之间建立起一个完善的人才输送渠道。

其中高等院校负责人才的培养，给企业建立人才资源储备库；企业作为人才的吸收平台，给予人才就业和实现自我价值的渠道，两者相辅相成，方能形成良好的人才培养环境，高校也才能真正成为孵化人才的摇篮，成为企业的人才储备库。

在与高校进行人才培养密切合作的企业中，华为公司的做法就尤为让人津津乐道。

对于华为公司，大家都不陌生，但是鲜少有人知道它早在很多年前就开始重视和布局人才的培养，甚至和世界顶尖高校进行合作，培养和储备人才。

华为公司早就意识到了人才的重要性，因此在公司快速发展的情况下，每年拿出大量的资金资助世界顶尖大学，无论是国外大学还是国内大学，华为公司都进行过资助与合作，而这样做的目的正是加强企业对人才的竞争力度。

世界上的著名企业很多都早早进行人才战略布局，在高等院校中建立人才培养基地，为企业培养顶尖人才。

华为公司拥有走向世界的抱负和长远的目光，在二十年前就与世界顶级名校——剑桥大学建立起了长远的合作关系。事实上，华为正是因为对科研人才的重视与投入，才在技术发展上快人一步，成长为世界著名企业。而剑桥，正是华为在海外最为看重的学术科研基地之一。华为与剑桥大学的合作，就是其在国外高校进行人才战略布局的重要一步。

华为公司每年都对剑桥大学进行捐款，其中包括科研经费和一般捐款等，而科研经费是捐款的大头，从2016年至2022年底，合计约为1830万英镑。

华为向剑桥大学进行资助的行为，其实就是一种长期的人才投资战略，通过捐助的形式加强与剑桥大学的联系，从而让剑桥大学可以按照华为当前的需求进行一定数量的人才培养，华为也可以优先于其他企业在剑桥大学进行人才挑选等。

2020 年 6 月 25 日，华为正式拿到了英国政府的许可，开始在剑桥建立一个研发制造中心，而这个研发中心便是华为光电业务的海外总部。

除此之外，华为公司以剑桥大学为起点，在欧洲其他几个重要城市，如伦敦、布里斯托尔、剑桥、爱丁堡、伊普斯威奇等又先后建立了 6 个研究所，并与欧洲多所大学合作建立实验室与研发中心，建立长远的合作关系。

这种与高校之间的合作给华为提供了稳定的人才输送渠道，让华为既可以在英国大力培养科技型人才，又能提前锁定英国各大学的研究成果。对于企业未来发展而言，无疑是具有深远意义的。

正所谓拥抱世界的企业，也会被世界拥抱。华为能够在众多中国企业中脱颖而出，成为中国目前为数极少的全球型企业，正是由其智慧和心胸决定的。

以华为公司的人才培养策略为例子，我们可以看到如今越来越多的企业注重与高校之间的合作，共同培养高精尖人才。这样的合作今后在企业与高校之间会越来越多，而高校对于人才的培养战略也会更加细化，对于人才的培养目标以及方式更加多样化。这种细化可以给高校人才培养以更加明确的目标，无论对于企业还是高校都是非常有益的。

三、企业对当代高校生的基本需求

　　企业作为高校生毕业后就业的主要方向和接纳人才的主力军，对于当代高校生的需求量日渐增大。而高校培养出来的当代高校生却越来越无法满足企业对于人才的要求，这就造成了企业无法从高校中获得大量的符合企业发展需要的人才。这种供求关系的失衡，不仅会影响当代高校生的就业，同时也对企业发展不利，为此高校在培养人才的时候更需要了解企业对当代高校生有哪些基本要求。下面就企业对当代高校生的基本要求做以下几点分析。

　　第一，企业需要高校生掌握系统的专业知识。

　　现如今很多高等院校实施严进宽出的政策，这种政策导致很多学生考上大学后不再积极地投入学习，专业课程学得马马虎虎，专业技能水平无法达到企业的需求标准。专业知识的学习是高校生在高校学习中的重中之重，专业知识的掌握情况很大程度上决定了高校生的未来职业发展方向。

知识有它的相关性和迁移性，很多看似不相关的知识可能有其内在联系。学生的知识储备是否充足，对其今后就业起着至关重要的影响，它如同一个蓄水池，在需要之时慢慢释放出能量，需求一释放一达成目标，这个过程贯穿着每个学生未来的职场生涯，影响其一生。

大型企业和知名企业在选择人才的时候大多倾向 985、211 等高校毕业生，主要原因之一就是此类高校培养出的学生具有很高的专业知识水平。此类高等院校对于学生的培养，以高水平的专业知识和良好的品德并重，不仅在专业知识上进行培养，同时也在品德方面进行塑造，为企业提供的人才不仅具有高水平的专业知识，更有着良好的品德。为此众多企业尤其是知名企业在招聘人才的时候，喜欢在其毕业高校类别上进行限定，表明了企业对于人才专业知识和品德的并重第二，企业需要高校生有与所应聘岗位相匹配的实习经验。

企业招聘高校生是以企业盈利和发展为主要目的，因此企业更加青睐于有实习或工作经验的高校生。实习能够锻炼学生的工作能力，实习经验是企业对当代高校生的基本要求之一。企业通过高校生实习过程中的工作情况，可以判断其能力是否达标。

为此高校生临近毕业之时，学校都会给予其半年乃至一年左右的实习时间，这对于从未踏入社会的高校生来说是难得的锻炼机会。实习可以充分锻炼高校生解决实际问题的能力，全面激发高校生随机应变和适应职场环境的能力。这也是高校生从学生转变成职场人的一个过渡阶段，可以让其通过实习来明确自己未来的工作方向，同时也能让企业对其工作能力有初步的了解。

第三，企业需要高校生有与所应聘岗位相匹配的通用技能和特殊技能。

企业对于高校生能力的评估，一般是通过面试进行，通过几轮面试，对面试者进行评估，初步判断其是否符合所应聘岗位的要求，即是否具有该岗位所需要的通用技能和特殊技能。

通用技能是高校生普遍具备的基础技能，比如基础计算机水平、基础英语水平、普通语言表达水平、写作基本水平，等等。这些通用技能是企业对于高校生的基本要求，同时也是较为容易达到的要求。

而特殊技能就是所谓的专业技能。专业技能相对于基础技能而言会更有难度，并不是人人都能掌握的。比如软件开发岗位需要软件开发能力，这就属于一种特殊技能，是针对岗位需求而要求应聘者必须掌握的一项工作技能。

通用技能和特殊技能两者之间并不冲突，反而是企业在招聘的时候会同时考虑的两种重要因素。

第四，企业需要高校生具备与企业文化相匹配的价值观。

企业文化是一个企业在长期发展中形成的独特文化，是企业价值观的体现，企业愿景的体现，也是企业未来发展与规划的体现。

高校生选择工作，以及在职场中能否愉快地与人共事，价值观起着主导作用，如果价值观与企业文化不吻合，可能无法融入其中。

综上所述，企业对高校生的要求基本上可归纳为专业知识、特殊技能、符合企业文化三点。高校生要成为企业需要的人才，不仅要在专业上提升自己的能力，还要在实践中积累通用技能技巧，并树立积极向上的价值观念。

四、当代高校生的就业现状与前景

（一）当代高校生的就业现状

随着高等院校的扩招，高校生群体越发庞大，每年都有大量的高校毕业生涌入人才市场，而企业对于人才的需求量虽然也在逐年增加，却跟不上高校毕业生人数上涨的速度。每当毕业季，便会出现人才市场供大于求的问题，导致高校毕业生的总体就业形势越发严峻。

造成高校毕业生就业形势越发严峻的原因有以下几个。

第一，高校扩招导致人才市场供大于求。

我国作为世界上第一人口大国，劳动力相对于其他国家而言明显占优势。然而人口总量过大，虽具有一定的优势，却也容易造成劳动力过剩的问题，影响就业形势。

当代高校生就业难是个难以解决的社会问题。随着经济的高速发展，高等院校传统的人才培养方式受到了猛烈的冲击。

随着社会主义市场经济体制的建立和发展，产业结构的不断优化升级，企业对于人才的要求也在逐步提高，对于顶尖人才的需求量猛增，而对于普通的、专业能力并不强的大多数毕业生而言，总体就业形势不容乐观。

刚踏入社会的应届毕业生很多缺乏实习和就业经验，导致进入工作单位后，不能很快适应从学生到员工的身份转变，也缺乏熟练的工作技能。

我国如今已经成为世界第二大经济体，市场对人才的需求比较旺盛，但是这种旺盛需求是针对顶尖的专业技术人才而言，而大多数的毕业生刚走出校园，缺乏实践锻炼，并不具备顶尖技术人才的素质和技能，加上高校扩招，高校生与社会需求之间的关系由"供不应求"转为"供大于求"。

除此之外，我国经济结构等市场因素发生变化，与高校生的知识结构、专业素质、职场经验、就业观念以及高校分布和专业人数分布不匹配，也是引发职位空缺和失业现象并存的原因。

所以，出现高校生就业困难局面的原因并不是高校生太多，而是结构性过剩，即劳动力供求结构不一致，导致高校生遭遇结构性失业，如专业设置和社会需求不相适应，学生素质和社会需求不相适应，高校生就业观念滞后，区域结构性矛盾等。

第二，就业市场机制不完善。

当代高校生就业难的一个主要原因是就业市场机制不健全。就业市场是高校生和职场之间的一个链接。而这个链接是否完善，直接关系高校生就业的质量和稳定性。

然而大批量的高校毕业生走进人才市场，而企业对于人才的需求量却是相对平稳且缓慢上涨的状态，这就导致就业季来临的时候，人才市场受到很大冲击，人才供需关系呈现出一种供过于求的状态。

就业市场的公平有序秩序尚未建立，就业市场机制的不完善和体制性障碍，使高校毕业生很难在短时间内找到适合自己的工作岗位。虽然一些高校采取了一系列措施来提高学生就业率，却未能起到良好的效果，甚至导致高校为了促进学生就业，将关注点过多地放在就业率多少上，因而忽视了就业质量。

第三，经济结构的变化使高校生就业呈现结构性矛盾。

市场经济结构的变化，影响了高校生就业结构的稳定，随着市场经济的发展生产社会化程度的提高和社会分工的不断深化，我国产业结构急剧变化，市场对于人才的需求也在发生重大的转变。

基于产业结构优化升级、经济结构调整、新技术应用于生产等原因，用人单位对劳动者的工种、技能、知识、经验也提出了新的要求。这种新的要求必然会带来劳动力结构和知识技能结构的相应调整，引起人才培养模式的转变，而我国高等学校的人才培养模式具有稳定性、滞后性，这主要表现在高校生在高校里接受专业知识技能培养的时间短则三四年，长则五六年；而高校的专业课程不能随意变动，如果长年未更新或是更新速度远远落后于社会的需求，就会造成人才培养方向和社会真实需求之间存在偏差，这种偏差又会造成现有劳动力不能适应市场需求的变化，同时也会加剧失业与岗位空缺并存的现象。

这种经济结构的变化和高校培养方式的滞后性，使原本就严峻的高校生就业形势雪上加霜，因此如何使高校培养和经济结构更加契合，则成了高校解决高校生就业难题的一个重点。

第四，高校毕业生就业结构不合理。

高校生就业难题是整个社会都在重点关注的问题，也是让人最为头疼的社会难题。综观如今高校毕业生越来越严峻的就业形势，其实我们可以看出，它的存在关系着校园与社会企业两个领域的合作问题。

自从1999年高校扩招以来，高校生的数量便逐年增加，然而学生数量的增加和企业用工数量的增长并不成正比。虽然我国的社会发展也在不断高速前进，但前期整体社会对于人才的需求量和人才供给量有着明显的差距。再加上许多高校为毕业生寻求就业市场和信息的积极性不高，对于当前社会的就业形势没有准确及时的判断，也没有根据社会和企业对人才的具体需求及时调整专业设置和招生人数，导致学校培养出来的毕业生与社会需求不匹配，有的专业人才供给大于市场需求，而有的专业则相反，形成专业培养与社会需求严重失衡的局面。

很多热门专业的学生，毕业后都并未从事专业对口的工作。甚至大学期间所学的知识，根本无法应用到实际的工作中，造成人才的浪费。

高校的人才培养计划，应该根据社会当前需求来进行调整，并根据每年招收的学生数量，积极寻找合作企业，为学生未来就业保驾护航。并结合市场实际需求，对于一些就业困难的专业进行招生人数的调整，允许学生在进入高校学习后能够进行专业调换，如此才能更灵活地应对学生就业问题。

然而如今的高校一味地追求专业齐全，不注意专业设置与市场需求的紧密结合，造成一些专业人才供过于求，或专业知识与社会需求不相适应，毕业生进入社会后适应能力不强，找不到学以致用的岗位。

以上是造成当代高校生难就业的重要原因。然而就业难的问题除社会的客观原因外，也与毕业生自身的观念跟不上社会形势有着密不可分的关系。针对高校生的就业问题，我们不仅仅要从外界因素进行分析，更要从高校生本身出发找原因。

高校毕业生在校园里接受着高等教育，优越的生活条件和教育环境，让高校生内心存在过强的自我优越感，在步入社会之前，不仅憧憬着美好的未来，更是为自己的未来做了可能不切实际的发展规划。然而现实与高校毕业生的就业期望形成了明显的反差。

这种强烈的反差来源于高校毕业生对于自身能力认识的偏差，他们无法对自己的能力做出一个清晰准确的判断，并且对于社会就业形势没有清醒的认知。于是他们在踏入社会的时候，无法根据社会现实，快速准确地找到自己的定位，导致自己的期望脱离现实，不利于自己的发展，所以很难找到适合自己的工作。

（二）当代高校生的就业前景

虽然当代高校生面临的就业形势越来越严峻，但随着科技的发展，社会生产力的不断进步，以及国家对于大学生就业的政策调整，高校毕业生就业问题也迎来了新的曙光。

高校生作为社会上具有较高文化水平和技术水平的人才，在未来社会中具有很强的竞争力，尤其是随着我国经济结构的全面转型，未来社会对有较高知识水平的人才的需求量会越来越大，因此放眼未来，当代高校生的就业前景仍十分广阔。

然而针对当前高校生依旧严峻的就业形势，社会、高校和大学生本人都要积极行动起来，相互协调与合作，才能够更高效地缓解就业压力，拓宽大学生就业市场，让大学生就业形势日渐好转。

大学生的就业前景跟社会发展密切相关。我国若想朝着科技创新方向进行产业结构转型，未来就一定需要大量有知识有技能的人才。因此大学生不应该因当前的就业压力而畏缩不前，应该脚踏实地努力就业，积极配合企业、社会对人才的需求，努力提升自身的知识和技能水平，增加自身就业竞争力，如此才能在人才市场中占据有利位置，寻找到适合自己的岗位。

五、当代高校生的特点与自我认知

当代高校生在自我认知上存在着明显的不足，有的对自身能力缺乏准确认知，有的对社会现实存在错误判断。

当代高校生从小就生活在一个与现实社会相隔离的校园环境中。很多学生从幼儿园、小学开始，直到大学，始终埋头书本，对社会现实缺乏了解。因此当代高校生在踏入社会之前大都存在自我认知的偏差。

带着这种认知偏差进入社会后，往往是很容易受到打击的。高校毕业生因自身没有工作经验，本就处于弱势地位，若是还带着傲气和高人一等的心态，是很难找到合心意的工作的，这也是高校毕业生普遍的现状。

大多数刚毕业的高校生对于自己的第一份工作都无法满意，有的对薪酬待遇不满意，觉得以自己的能力应该获得更高工资；有的对工作岗位或职业不满意，觉得自己并不想从事这方面的工作，奈何没有找到合适自己的岗位，只能先勉强过渡一下。而之所以会发生这种情况，就是因为当代高校生缺乏对自身的准确认知以及对当前就业形势的正确判断。

当今社会人才培养和输送机制并未完善，学生在填报高考志愿时，大多并不清楚自己未来想要从事什么工作。

很多学生高考后，直接上网搜索热门的高校和专业进行志愿填报，而没有从自身实际情况去考虑，这就导致高校生在进入大学之初没有明确的目标，缺乏对未来人生的规划，这对于高校生进入社会后的发展是极为不利的。

据统计，多数大学生后来的工作和大学所学习的专业是不相符的。他们在大学中所学习的知识并没有在工作中得到任何的运用，对他们的工作没有起到帮助。这极大地浪费了社会的人才资源，也浪费了高校多年来为培养人才所付出的时间与资源，企业也因此而无法招到专业能力更强的人才，这种人才的浪费对于社会进步和企业发展都是极为不利的。

若想改变这种人才资源浪费的现象，首先要做的就是让当代高校生对自身有一个清醒的认知。高校生首先要明确一个未来发展的目标，有了明确的目标后，才能有动力朝着目标努力奋斗，努力前进。

除此之外，高校生的自我认知还包括了对社会环境的判断。

高校生相对于其他的社会就业人员，其优势在于有更强的可塑性。这种可塑性是由于高校生未曾接触过社会和职场的优胜劣汰的残酷环境，还未被社会磨平棱角，他们犹如一张白纸，单纯无瑕，企业可以对其进行针对性培养和塑造。但是这种培养和塑造是从企业的利益出发的，却并不一定符合高校生自身的发展意愿。企业会按照自身发展需求来培养和塑造这些高校毕业生，然而经过了职场塑造的高校生很可能会被企业环境所禁锢，今后想转入其他领域发展，便会受到很大局限。然而这种现象于当今社会却是极为普遍的，对于其存在的危害性，我们不能不予以重视。

在社会优胜劣汰的环境下，想要从头来过谈何容易。大多数高校生都会被自己的第一份职业所禁锢住，有勇气毅然决然转行的很少。

随着高等院校的不断扩招，当代高校生所面临的就业形势很严峻。然而很多单纯的高校生缺乏对就业形势的清晰认知，这就给自身的发展带来严重危机。这方面，当代高校生有以下几个较为明显的缺点：

（1）没有目标，盲目跟风。

当代高校生都是经历了多年的寒窗苦读才终于考上了大学。很多学生在初高中时代就被灌输了考上大学便是开启了幸福之门的观念。于是部分学生进入大学之后，便忽略了学习的重要性，在大学里并没有学到过硬的专业知识和技能。

当临近大学毕时业，高校生需要实习与就业，很多高校生应聘了很多岗位之后，才发现自己中意的企业选择人才的标准几乎是自己无法达到的。从未经历过太多挫折和打击的高校生此时开始心急如焚，然而时光一去不复返，短暂的高校生活已无法再重新来过。有的人看着周围的同学一个个踏入职场，走上工作岗位，情急之下没有考虑自身情况，就盲目地选择了某个岗位就业，想着先就业再慢慢寻找更合适的工作。殊不知，这样做反而可能荒废了发展事业的黄金时期。

（2）心高气傲，眼高手低。

高校生在高校中享受良好的教育和环境，学校老师们在授课的时候给他们灌输的往往是本专业优秀学生的成功就业、创业案例。这就给他们埋下了一种心理暗示，觉得自己今后也能够像这些优秀学长一样，在行业中发光发热，成为顶尖人才。

带着这样的自信心态，高校生缺乏对就业形势的清醒认知，寻找就业机会的时候，难免会带上几分心高气傲的态度，对于工作的机会有所挑剔。直到再也无法拖下去，必须尽快就业的时候，才勉强自己接受不喜欢的岗位。这会极大地影响工作的积极性。

（3）缺乏上进心和吃苦耐劳的精神。

高等院校实行的是严进宽出的政策，进入大学后，高校生有了很多自由的时间，可以用来发展各种兴趣。如此很多学生难免在学习上有所懈怠，做不到像初高中时那样努力学习。

且高校生和初高中生对比，缺乏明确的奋斗目标。初高中生目标明确：努力学习，考入好学校。而高校生的奋斗目标不够明确，为此高校生也应为自己树立目标，比如：努力学习知识技能，将来找份好工作！此时又需要对好工作做一个基础的定位，什么样的工作才能称为好的工作？这对很多高校生而言，是一个很模糊的概念。很多人将好工作等同于薪酬待遇高、工作环境好、工作轻松，等等。这就导致高校生不清楚该如何学习和奋斗才能找到好工作。

针对以上归纳的当代高校生在面对就业问题时的三个缺点，就要求高校对学生的世界观、人生观、价值观做正确的引导。首先，帮助高校生树立正确的自我认知和对社会的认知，让他们了解到当前的就业形势，当前社会发展所需人才的标准。

其次，帮助高校生深入挖掘其感兴趣的方向，让他们朝着自己感兴趣的方向去努力发展。

最后，高校可结合高校生未来就业需要，对其所学的专业课程内容进行适当调整。

第四章 高等院校对当代高校生的科学管理

一、如何培养优秀的新时代高校生

随着社会的发展变化，企业对人才的要求越来越严格，高等院校培养人才的压力也越来越大。高等院校作为人才孵化的摇篮，如何培养新时代优秀高校生，成了高校面临的难题。高校若想培养符合新时代要求的优秀高校生，首先要明确优秀高校生的标准是什么。新时代优秀高校生要符合以下几个标准。

（1）要有正确的人生观、世界观和价值观。

什么才是当代优秀高校生应该具备的正确人生观、世界观和价值观呢？那就是明确知道自己的梦想，能够脚踏实地为之奋斗。大学是人生中最为重要的一段时光，也是正确"三观"建立的关键时期。

因此，培养当代高校生的正确"三观"是高校的重要任务。

（2）要有强健的体魄，坚忍不拔的意志力。

常言道"身体是革命的本钱"，强健的体魄是奋斗的根本，若是没有强健的体魄，即使有再多的想法和梦想也都无法去实施和实现。这不仅仅是当代高校生所面临的问题，也是如今全社会所面临的问题，据相关数据显示，如今全体民众的身体素质正呈现下降趋势，亚健康人数不断增加。

亚健康状态会让人深感疲惫，无法集中精力去做任何事情，这便大大影响了人的思考能力与行为能力，这也是当代高校生无法全身心地投入学习中的原因之一。

因此，若想培养出优秀的当代高校生，就要提高其身体素质。身体素质直接关系着人的生活状态，是一切行动力的基础。高校应加强学生日常健身管理，定期举行运动会、运动兴趣班等。

除了强身健体外，培养当代优秀高校生还需要注重培养学生坚忍不拔的意志力。意志力的强大是人才顺利成长的基础保障。

拥有正确的"三观"、良好的身体素质以及坚忍不拔的意志力,这样的当代高校生,自然是社会中的佼佼者,踏入社会后,即使遇到了挫折和困难,也可以进行有效应对并最终解决问题。为迎接严峻的就业形势,高校生应具备"天行健,君子以自强不息"的顽强精神。

(3)要有良好的社会交往能力和社会实践能力。

沟通是人与人之间建立基础联系的桥梁,任何需要由团队来完成的事情都离不开沟通和交流。当代高校生在努力学习专业技能的同时,也要注意提高沟通交流的能力,并和同学建立良好的社交关系。良好的社会交往和社会实践能力是当代高校生需要具备的基本素养之一。

在生活和工作中,当代高校生会面临各种各样需要沟通交流的场合,人际交往能力直接影响着他们未来的工作和发展。

培养当代高校生时,高等院校应该重视培养和锻炼高校生人际交往的能力,在校园范围内帮助高校生建立亲密团结的关系。

这种亲密团结的关系在校园中也许显示不出太

大的作用，但是等到高校生正式进入社会后，这种深厚的同窗情谊，就会天然地转变成他们的人脉关系，可以给他们的工作和生活带来巨大的帮助。

此外，当代优秀高校生还需要具备良好的社会实践能力。在学习专业技能的同时，高校生还应该积极参加各项社会实践活动，增强自己的社会实践能力，提高自己的社会竞争力。学校本身就有各式各样的社团，学生完全可以利用课余时间，根据自己的特长和兴趣爱好，选择参加一些社团，以此来锻炼自己的社会实践能力。

同时学生还可以利用寒暑假时间去实习，更进一步和社会、企业进行联系沟通，从而提前感受与适应职场生活，让自己拥有更多的社会实践经历，能够更好地把握今后的人生方向，这对毕业后的就业及生活是极为有利的。

以上三点是当今社会优秀高校生应该具备的基本素养，高等院校和社会若想培养出具备以上素养的优秀高校生，则可以注意以下几个方面。

（1）培养高校生崇高的理想与使命感。

高等院校处于科学与思想的最前端，因此高校生可以接触到许多先进的科学和思想理论，然而求学中的高校生正处于思想尚未完全成熟的时期，思维活跃，却缺乏思辨能力，容易受各种文化思潮的冲击，产生一些不恰当的价值观。例如"享乐主义""拜金主义""利己主义"等思想。如果任由这类思想在高校内部流传蔓延，将会对我国的人才培养计划造成严重危害和冲击。

因此，高校要引导学生树立正确的价值观、崇高的理想及使命感，让他们能够摆正自己的人生目标，从而将精力和时间放在专业知识和技能的学习上。要培养有崇高理想和使命感的高校生，首先要让高校生明白他们肩负着怎样的历史使命。我国社会虽已进入高速发展的状态，但仍需要更多人才投身社会主义现代化建设中，以早日完成中华民族的伟大复兴。

为了让高校生认识到他们肩负的使命，培养他们树立正确理想和"三观"，高等院校可以坚持以科学理论对学生进行正确的引导，以文化教育来塑造高校生的内在素质，以优秀的作品来鼓舞高校生积极向上，等等。

（2）丰富高校生的学习技能和知识储备。

作为高等院校中的学生，他们生活在校园这座象牙塔中，主要职责是认真学习专业知识和技能。国家实行全日制教育的主要目的就是让学生能够免受复杂社会环境的侵扰，全身心投入学习中。然而事与愿违，处在这种环境中的学生一部分并未专注于学习知识，而是开始懈怠，将时间浪费在很多不必要的事情上。真正优秀的人不会虚度光阴，他们对自己的人生有合理的规划，甚至将每天需要做的事情都安排得井井有条。

高校生要增强自己的知识储备，首先要做到合理安排学习时间，提高学习效率。高校生须明确认识到学生的责任就是学习，努力学习各项专业技能。除了合理安排学习时间外，还需要多参加课外实践活动，学以致用，用社会实践去体现所学知识的价值，如此才能够让所学知识得到实际的运用，才不辜负高校生涯的宝贵时光。

（3）开阔高校生视野，展望未来。

我国的高校生，在社会实践方面还较为欠缺经验，为此高校应引导学生开拓视野，去了解和认识这个社会、时代和国家。这有利于高校生视野的扩展、格局的提升，使其更懂得人生的价值与意义，更深刻地认识到作为高等人才的他们是未来国家建设的主力军。

高等院校可在校园内创办时政新闻讨论交流组织，并定期开展辩论比赛或者社会热点知识竞赛等，刺激高校生积极获取有关知识和信息。还可以引导学生走进阅览室，并在教室及食堂、宿舍等地方组建图书角，培养他们良好的阅读习惯和自主学习、思辨的能力，让他们成为有着家国情怀的 21 世纪积极奋进的青少年。

高校生只有开阔视野，胸怀天下，才能成长为社会需要的新时代人才。

二、高等院校对学生的科学管理

学生管理一直都是高等院校管理中最为重要的一环，如何对学生进行科学合理的管理，是许多高等院校一直在积极探索的问题。

高等院校的学生管理是一门高深的学问，同时也形成了一个全面复杂的体系。我们要对这个体系有客观和科学的认识，明确认识到高校学生管理是针对高校学生群体的特殊社会活动。

自从我国高校扩大招生规模后，各大高校便呈现出师资紧缺的现象，这种情况下，想要加强学生管理会比之前更有难度，因此大多数的高等院校采取的是宽松式、放养式的学生管理方式。

这种宽松的管理方式，虽然可以锻炼学生自主能力，但是过于自由的环境，也会让一些自我约束力不强的学生有所懈怠，荒废了宝贵的学习机会。

我国的高等院校虽然在运营模式上采取了西方的经验，但是依旧受到传统教育思想的影响，这种思想是将学生定性为被管理、被教育的对象，认为他们属于被领导的对象，而很少去考虑如何发挥学生群体的自主性，让学生能够参与到学校的管理中来，形成一种全新的师生关系，增强学生对学校的认同感。

（一）现阶段高校管理存在的问题

随着高等教育改革的不断推进，现如今的高校大多都建立了学生会制度，并有各式各样的社团活动，既可以丰富学生的业余生活，同时也能够让他们参与到学校管理中来。

但是新的学生管理模式如今仍在探索中，存在着各种各样尚待解决的问题。我们先来浅谈一下当前高等院校宽松式管理所存在的一些问题。

第一，思想管理层面上的问题。

许多刚进入大学校园的新生，由于从小到大受到的都是严格式管理，一时之间根本无法适应高校的宽松模式，很难快速从被管理者思维模式转变成管理者思维模式。因此虽然高校在大力推行学生会制度，让高校生参与到高校管理中，但效果却并不显著。

这是由于高校中大部分的管理者并没有真正将学生视作校园的主人，而是将他们当成被管理的对象，只关注如何依据一些政策法规和学校规章制度来规范学生的行为，而没想过如何引导和激励学生，让学生能够在校园生活中充分发挥所长，得到成长和收获。

传统的思想观念让学生会不断地被边缘化，失去了主动、创新和积极性，让学生得不到自主的锻炼，形成依赖思想，依赖教师、学校管理者、父母等，缺乏自主观念和自我管理意识。

第二，管理制度和权限上的问题。

如今的高等院校中，虽允许一部分优秀学生参与到学校的管理中，但管理权限仅停留在表层，一些重大问题，如学校的发展规划，学校的各项改革，学校的定位等方面，均看不到学生群体的参与。而这些方面才是真正能够影响到高校未来发展走向，并和学生群体利益息息相关的事情。

就算有一些高校愿意放权给学生，让学生参与到学校的重大决策中来，也只限于决策的初始阶段，如给学校的某项改革提意见等，这些都只是形式上的参与，并没有真正让学生成为决策者。

大多数在学校内参与管理活动的学生，都是从事一些无关紧要的，不涉及高校重大事务的工作，例如学生会负责管理学生日常生活和组织学生业余活动等。

这归根究底还是由我国高等学校在组织机构和管理制度上的欠缺所导致。我国的学生长期以来就处于父母、学校等多方面的管理下，本就没有接触过太多管理层面的事情，也没有形成积极争取管理权利的意识。

第三，管理权分配的问题。

高等院校中有三大主体，分别为：管理者、教师和学生。这三大主体在学校中的权力划分其实并不那么明晰，尤其是学生群体的权力，很大一部分受到管理者和教师的影响。

其中管理者拥有行政话语权，教师拥有学术话语权，而学生手中掌握的权力却不足以和管理者、教师形成三足鼎立的平衡局面，这就导致学生虽然作为高校的主要成员和高等教育活动的主要参与者，却未能充分享受自主权，无法实现自身的主体性发展。

管理权的分配问题其实主要涉及学生群体获取管理权益的问题。学生群体参与学校管理和决策，是高校未来的发展趋势。学生利益跟学校管理者、教师利益其实并不形成冲突，而应该是处于微妙平衡、互相促进的状态。如何促进学生群体获得公平合理的管理权，是如今各个高校正在积极探索的问题。

明确了以上问题，我们就很清楚地知道高校想要培养出严格认真，精益求精，积极向上，又拥有创新精神、发散性思维、健康人格和探索意识的高校生，首先须从高校生管理入手，全面且严谨地制定出一套符合学校实际情况的科学管理体系，既给学生宽松自由的环境，同时又有严格的规章制度用来给学生一定的限制，从而让学生朝着积极进取的方向前进。所谓的科学管理体系其实就是管理者、教师、学生三者之间能够平等相处的一种健康管理模式。三足鼎立才是最稳定的发展形态。

同时这种科学管理体系的建设还要允许和引导学生群体参与。只有学生自身才最了解学生的需求，才能更加倾向于学生群体的利益。适当放权给学生，也能够培养学生的管理能力。

我国的学生群体无论是小学生、初高中生还是大学生，均处于弱势地位，是被管理者。虽然在教育领域中，学生是教育活动的主体，但其权益问题一直都没有得到很好的重视，这一现状是亟待改变的。

（二）高校科学管理体系建设

建设规范化的科学管理体系，可以从以下几个方面入手。

第一，制定合理规范的管理方案。想要建立全面科学的管理体系，首先须制定一个详细的管理方案。我们都知道要有计划地做事才能够有条不紊，循序渐进地将事情做到最好。高校想要针对学生群体建立一个全面又科学的管理体系，首先要做的就是确定科学管理方案。

一个科学的管理方案，首先囊括的主体要全面。高校之中除了学生以外，教师、管理者、后勤人员等都是学校体系中的重要一环。因此可以根据"门槛效应"来制定管理方案。

所谓"门槛效应"其实就是先提出一个较高的要求，当人们拒绝接受一个较高的要求，又恰有一个相对稍低的要求紧跟着提出时，人们也就比较容易接受这个相对稍低的要求了。

因此可以先制定一个较高的总目标，并围绕总目标，根据每一个学生的实际情况，建立一个个具体的小目标，帮助学生建立切实可行的个人目标阶梯。

在建立学生个人目标阶梯的时候，我们可以把校园内的高校生分为三个不同的类别，分别为：初入校园的新生、入学两年以上的学生和即将踏入社会的毕业生。

这三个类别中，刚刚步入大学校门的新生，大多数是第一次离开父母独立生活，生活上和学习上均尚未很好地完成角色的转换，因此无论是在教学管理上，还是在纪律管理上，都不可急于求成，要有意识地运用"门槛效应"帮助学生建立明确的个人目标，使他们尽快融入高校生活中。

而入学两年以上的学生，因为他们入校时间已不短，已经适应学校的生活和管理制度，所以对于此类学生则要因材施教，引导其努力学习和有效利用课余时间参与校园内的各项活动，将他们的心思集中到专业学习和兴趣发展上来，避免其虚度光阴。

对于即将踏入社会的毕业生，高校则应该以放松式管理为主，更加倾向于促进毕业生顺利就业，减少对毕业生的管控，并开设具有针对性的就业培训班，更多地激发毕业生的个人潜能。

针对不同年级的学生制定不同的科学管理目标，逐渐形成科学管理体系，如此才能确保高校在培养人才方面发挥更大的作用。

第二，调动学生干部积极参与高校科学管理体系建设。学生干部代表着广大学生的利益，我们必须充分认识到学生干部在高校科学管理工作中的特殊作用，充分利用学生干部的管理力量。

学生干部是从学生队伍中严格选拔出来的德智体美全面发展的优秀人才，他们既是学生群体的代表，同时也是学校管理者。他们对学生群体的生活与学习情况比其他管理者更为了解，对学生群体中出现的问题能够更快速地掌握，并及时进行解决。他们的存在能够更好地平衡管理者与学生群体之间的关系，缓解校方在学生管理方面的压力。

学生干部主要是通过民主选举产生的，在学生中具有一定的亲和力和凝聚力，比较容易把更多同学团结在自己的周围，共同学习，共同进步，他们在学生中比高校专职管理者更具有号召力。因此把学生干部吸收到高校管理队伍中，与辅导员等共同发挥管理作用，能有效提高学生管理效果。

第三，充分发挥教师在学生管理工作中的主导作用。教师是教育工作的组织管理者，是学生人生观、世界观和价值观的引导者，是学生学业的指导者，是学生活动的策划者，是高校管理系统和教学系统的中坚力量，是高校科学管理体系不可或缺的一部分。

教师肩负着教育学生的职责与使命，这种教育是全方位的，不仅仅包含知识层面，还包括了对学生思想、言行、品德等方面的教育。因此高校中针对学生的科学管理体系少不了教师的参与，甚至教师在科学管理体系中具有举足轻重的地位。

教师在学生管理方面，可以适当地放权给学生干部，让他们利用人格魅力去影响学生，使学生主动维护班级纪律，实现自我管理，这样不仅可以减轻教师管理班级的压力，收到事半功倍的效果，同时又能让学生得到实际的锻炼。

另外课堂是学生学习知识的主要场所，教师应引导学生干部做好考勤工作，维护课堂秩序，并定期公布考勤情况，从而帮助一些自我管理意识较弱的学生克服缺点，使全班学生共同进步。

教师参与到学生管理中来，还可以拉近高校教师与学生之间的关系，方便高校更好地了解学生的需求，让管理方案更加科学有效。

大学阶段是学生人生观、世界观、价值观形成的重要阶段。当代高校生价值取向日趋多样化，高校要做好科学有效的学生管理，就要充分考虑学生群体思想观念的复杂性，具体情况具体分析，有的放矢，对症下药。

在当今社会快速发展的形势下，我国的高等教育体系与社会主义经济体制、社会的发展速度不是十分适应，存在着校园生活模式单一、教学内容陈旧等弊端。这些弊端严重制约着高校学生的成长和发展，不利于高校实施更深层次的人才培养战略。

21世纪需要的是综合素质高的具有创新精神和实践能力的高级人才，因此高校必须主动对学生管理工作进行改革，确立以人为中心的科学管理思想，认识到学生既是管理对象，同时又是管理的主体，在管理中充分发扬民主，调动高校生的积极性，加强其自我管理意识。

同时高校还需要不断加强管理队伍建设，探索新的管理模式，运用现代化的管理手段，使高校学生管理工作进一步科学化、规范化。

相信只要不断改进和积极探索，高校学生管理工作一定能适应新时代的要求，为人才培养做出更大的贡献；高校管理模式也会更加贴合学生需要，更加人性化和科学化。

三、高校教师对当代高校生人生方向的引导

高校生价值观尚未定型，时常处于迷惘之中。在日常的学习生活中，他们经常会面临着现实与理想、独立与依赖、情感与理智等方面的矛盾，并且情绪起伏大，易受外部环境的影响。

根据埃里克森的心理发展八阶段理论，高校生的心理发展正处于从青春期逐渐过渡到成年早期的阶段，渴望通过恋爱或友谊与人建立亲密无间的关系，否则将产生孤独感。换句话说，他们对爱与归属感的需求更加强烈，同时，他们的自我意识也更加突出，开始审视曾经的生活，迫切希望重塑并确立真正的自我。这使他们在自我评价和自我控制能力上有很大的提高，但也容易产生偏见而误入歧途。

另一方面，进入高校后，学生离开了家庭的庇护，与教师的相处时间反而更多，难免对教师心存依赖。特别是在面临求职，即将真正进入社会时，面对错综复杂的人际关系、就业形势及社会环境等，若遇不到好的导师，就可能会迷失自我、找不到正确的人生方向。而高校教师无论是在道德认知、教育观念、教学能力方面，还是在知识素养和实践经验方面，都将对高校生起到关键的示范作用。简而言之，教师良好的思想和专业素质是有效教育的基础和前提，是教育成功的保障。

高校教师对当代高校生的重要影响，主要包括以下几个方面：

（1）道德影响。高校教师的良好品德有利于高校生形成正确的世界观、人生观、价值观。

高校生的"三观"正处于发展的关键阶段，除了受到家庭、社会的影响外，学校的影响更是重中之重，特别是高校教师的影响。

著名教育家张伯苓曾说："教育的范围绝不可限于书本教育、智育教育，而应特别着手于人格教育、道德教育，正所谓任教育者当注重人格感化。"

育人先育德。教师应当重视自身的道德素养，做好楷模，因为这些将会潜移默化地感染着学生，长久地影响学生的未来。

对于企业而言，在人才的选聘上，一定是偏爱那些价值观与企业文化相符的人才，因为这样的人才更能认同企业文化，稳定性高；具有更坚强的意志和理智的头脑，抗挫折的能力强，遇到困难能够积极乐观面对并客观全面分析其原因，努力寻找突破点去攻克难关，敢于接受挑战，奋发进取，与企业共进退；善于换位思考，懂得团结合作，能为企业做出更大的贡献。所以，培养正确的"三观"是学生重要的必修课。

（2）知识影响。高校教师的良好知识素养，有利于学生的知识体系建构和专业能力的提升。

随着科技的进步，信息化的高速发展，国家、社会、企业对人才的素质要求也越来越高，这无形之中也对高校教师提出了更高的要求。高校教师必须不断更新观念和知识，掌握现代化的教育技术和多媒体运用能力。

首先，"教学学术"是高校教师专业发展的核心，专业知识固然重要，但已远远不足以满足学生的需求。所谓"教学学术"是指对专业知识的探究、整合、应用与传播。如今的教育环境发生了巨大的变化，高校生的身心发展规律及对知识的需求呈现多样性的特点，高校教师的角色也趋于复杂，所以，高校教师所具备的知识不能只局限在专业领域，还须涉猎通识性知识、条件性知识和实践性知识，如教育心理学。同时，教师应从课程的忠实执行者转变为课程的建设者和开发者，注重教学反思，能够创造性使用教材，拥有独特见解，不断提高教学质量。这将更有助于拓宽学生的知识面，引导学生进行学科之间的融合应用，建构更加系统、全面的知识体系，培养出真正的综合型人才。

其次，理念是行动的内驱力，高校教师的教育观也是十分重要的。过去，大部分高校教师都是以学生成绩为主要着眼点，一定程度上忽视了学生的全面发展。鉴于此，新时代的教育观应重视素质教育。作为高校教师，更需要改变以往的观念，遵循教育规律，培养学生良好的品行和全方位的能力，特别是创新和实践能力，并尊重学生主体地位。

最后，高校教师能否教授正确的知识给学生，也十分重要。互联网时代，知识的获取更加方便快捷，但网上搜集的资料也存在很多误区。因此，教师对知识须持严谨的态度，清楚分辨知识的正确与否。

（3）情感影响。和谐的师生关系有利于高校生身心的健康发展。

现代教育观要求教师关心爱护每一位学生，不偏袒、不歧视，平等公正对待，保护学生合法权益，尊重学生的人格，悉心教导，从而建立起良好、稳固的师生关系。

其中，对学生的关爱是建立良好师生关系的前提。教师的一个赞许的眼神，一句激励的话语，都能给学生以莫大的信心。所以，作为高校教师，应以对学生真诚的关爱，为建立融洽和谐的师生关系打下坚实的基础。

教育学家加里宁曾指出："教师和学生的关系是一种特殊的人际关系，区别于父母与子女，区别于兄弟姐妹，区别于朋友同事，在教育活动中不可忽视。"的确，和谐的师生关系有利于提高学生上课的积极性。生理学家研究表明，积极的情感容易使学生的大脑皮层处于兴奋状态，释放多巴胺，有利于调动学生学习的积极性，从而促使学习更加高效。反之，即使教师的授课能力再强，若与学生缺乏真诚沟通，甚至关系恶劣，令学生对其产生抵触情绪，从而抑制了大脑皮层的活跃性，也无法达到理想的教学效果。

（4）观念影响。正确的教学观，能够促进高校生的全面发展，培养其创新精神和实践能力等。

众所周知，高校教师是学生成长过程中重要的引导者，其一言一行对学生的成长有着不可估量的重要影响。在实际教学过程中，教师不仅要注重角色的转换，而且要注重行为的改变。

现代教育理念下，教师应具备终身学习的能力和意愿，才能更好地适应社会的发展和学生对先进知识的需求。俗话说"授人以鱼不如授人以渔"。高校教师不能单单以传授知识作为主要职责和目的，而应该激发学生内在的学习驱动力，引导学生进行深入思考，掌握科学的学习方法，从而培养学生自主学习、合作学习的能力，以及解决实际问题的能力。

同时，在教学过程中，应注重激发学生的主体精神，摆脱传统的应试教育思维，鼓励学生进行创新性活动，大胆尝试，不断提高学生的发现能力、探究能力和实践能力，使学生学会学习、学会做事、学会做人，从而增强自身竞争力。此外，教师还应关注学生的心理健康和个性发展，以一个有成长经验的长者身份与之平等、真诚地沟通交流，通过自己的公正无私、宽容友爱去赢得学生的尊敬和爱戴，成为学生人生的引路人。

现代企业对员工素质的要求越来越高。研究表明，大部分的企业都比较倾向录用那些拥有创新精神、超强的专业能力、健康心理、深厚的文化素养和发展潜能的人才，如具备"学习的元能力、体系化的知识储备、解决问题的能力、突破自我的能力"，特别是创新和实践能力的人才。因为在当今数字化时代，创新力是一个企业持续发展的力量源泉，而创新力往往与员工的主动性、上进心，以及坚持自我提升、勇于挑战新事物等品质息息相关。所以，高校教师能否践行正确的教学观，不断促进学生心理的健康发展和各项能力的全面提升，对

学生而言非常重要，直接影响学生的求职与未来
发展。

四、提质保量给企业输送优秀人才

常言道:"科学技术是第一生产力,人才是第一资源,创新是第一动力。"人才是科学技术发展的基础,一切科学技术的发展,都需要人才作为内核驱动。

人才最终的归属是走进社会,为推动社会的进步做出自己的贡献。作为人才培养基地的高校,最终是要将培养出来的人才,也就是优秀高校毕业生推向社会。

如今高校之间的竞争也越来越大,提高高校毕业生的综合素质,保质保量地为社会和企业输送优秀高校毕业生,成了高校教育工作的重点,也是检验高校教育质量的关键。

（一）高校生就业能力培养的意义

如何保证高等院校毕业生的就业率，不仅是令各大高校头疼的问题，同时也是全社会重点关注的问题。高校生就业能力越强越容易被社会所接受。然而高校生就业能力是一个综合性的定义，这种就业能力包含了工作能力、适应能力、专业技能的运用能力、人际交往能力等一系列内容。大学毕业生若是具备这种就业能力，就可以满足社会和企业对人才的要求，同时也有利于推进社会发展。而高等院校承担了培养人才的重任，有责任和义务培养高校生的这种就业能力，如此才能培养出更多德才兼备的综合型人才。

（二）如何有效提升高校毕业生在职场中的竞争力

我国每年都有数百万的毕业生涌入人才市场，这对人才市场的冲击力是相当巨大的。在当今就业竞争日益激烈的情况下，想要确保高校毕业生的就业率，就要加大力度强化毕业生的综合能力，提高他们的就业适应性。

大多数毕业生对于自己毕业后从事的第一份工作都是不满意的，而不满意却又不得不接受的无奈，又是他们不得不面对的现实。在这样的情况下，高校若是能够在毕业生踏入社会前采取一些举措，提升其就业能力，便能在一定程度上提升高校毕业生在职场中的竞争力。

为提升毕业生的就业能力，各大高校可采取以下措施：

第一，给毕业生做岗前培训。

高等院校可根据毕业生在校学习情况编写一本毕业生手册，手册上记载毕业生在校期间所掌握的知识技能及其优缺点，并把重点就业方向推荐给毕业生，让他们能够对自身能力有清醒的认识，从而更好地寻找到人生的方向。

除此之外，岗前培训还可以为毕业生传授职场内的相关知识，例如如何在职场中与领导、同事相处，职场中需要特别注意的事项等，让他们对企业和社会有一个初步的认知。

第二，组织各种实习，提高毕业生社会实践能力。

实习是提升毕业生就业能力的有效手段之一。在实习过程中，毕业生不仅可以提升各项专业技能，还可以明确自己擅长的方向，无论对于其个人还是企业、社会而言都是有好处的。

高校还要积极和企业建立联系，全面推进高校和企业合作培养毕业生的模式，并据此制定新的人才培养策略，进一步改革和完善高校生培养制度，建立高校生实践基地，定期组织学生前往合作企业进行参观和实习，深化校园和企业之间的合作，共同培养具有优秀工作能力的人才。

第三，强化毕业生专业能力，扎实培养毕业生基础技能。

高校培养人才的目的是满足社会各行各业对人才的需求，从而促进国家建设发展，所以高校在毕业生的培养上，要保证毕业生拥有过硬的专业技能。

而想要强化毕业生的专业能力，高校便要对毕业生在校期间学习成绩有深入了解，同时做好调研工作，了解每个专业当前的就业形势和市场需求，根据学生专业能力的高低，制定强化方案。

除了专业技能外，毕业生的思想品质、学习能力和人际交往能力等，也是影响其融入社会和职场的关键因素。所以，高校在培养学生专业技能的同时，也要帮助学生提升自身的综合素质，从而提升其就业竞争力。

第四，增强毕业生心理承受能力。

对于没有多少社会经验的高校毕业生而言，面对着复杂的就业形势，很难不产生巨大的心理压力和危机感。若没有良好的心理承受能力，很难从容应对。而良好的心理承受能力，其实与对自我能力的准确判断密切相关。因此高校生想要获得稳定的就业，就必须对自己进行客观全面的分析，制定适合自己的就业目标，然后脚踏实地地朝着目标一步步前进。

五、当代高校生心理成长历程

当代高校生心理成长存在以下特点。

（1）高校生的自我意识突出，但认知能力有待提高。

何谓"自我意识"？简而言之，是指对自身的思想、能力以及与周围环境之间关系等方面的认知。高校阶段，学生离开了父母的监护，一切靠自己去抉择，会把注意力从外界转入内心世界，经常把自己分为现实中的"自我"和理想中的"自我"，致力于自我体验，探究自我价值，思考人生意义，追求更完美的自己。同时，高校生的自我评价能力增强，越来越重视社会、他人对自己的评价。因此高校生既能借助外部的评价认识自己，又显得更加独立、自信。

但即便如此，高校生的自我认识仍存在一定的片面性，特别是对世间万物的本质认知较肤浅，难以透过现象看到本质，时常做出错误的判断。曾经就有一位本来很有潜力的电影学院导演系的研究生，在校期间各方面表现都非常优秀，深得老师和同学的认可。但几年下来，他始终无法走出心结，存有悲观的想法，认为做导演要出名非常难，自己又是外地人，没有坚实有力的后盾，再努力也难以成功。于是心理压力倍增，越来越消极，最终选择了退学，所有人都为其感到惋惜。

（2）智力得到快速的发展，专业知识水平不断提升，注重自我能力培养。

研究表明，高校生的智力发展达到了一个更高的水平。所谓智力，是指人们在获取知识并用知识解决实际问题时多种能力的总和。高校生思想更加活跃，求知欲强，接受能力强，兴趣广泛，积极参加校内外各种社团活动，希望不断地提升自我综合能力。而思维能力是核心能力，其中"语词逻辑思维"又占主导地位，这是透过现象看本质的关键。

所以，高校应通过专门的训练，使高校生的逻辑思维能力上升到更高的水平，掌握更多的抽象概念，具备更强的分辨能力。

同时，由于高校学习的内容具有专业性和系统化的特点，大部分学生都能够加深对专业知识的了解，智力水平大幅提高，并逐渐形成自己的学习风格和模式，对未来的求职方向有了更清晰的主见。特别是即将毕业的学生，其主要心理特征是渴望加入社会、渴望被认可和实现自我价值，对企业的理解也更深刻，开始思考自己的价值观是否与企业相适应，自身知识和能力水平是否符合企业的要求，并及时调整自己，做好走向社会、适应新的角色的准备。

（3）内心存在各种矛盾冲突。

最明显的是心理的闭锁性与开放性的矛盾。高校生的自我意识突出，不轻易向外人吐露心声，并逐渐开始审视自己的内心，内心世界不断丰富，自己表露于外的东西少了，内心相对封闭。但同时其又对友情、爱情等人际关系有着强烈的需求，渴求爱和尊重。长期处于矛盾之下，容易产生压抑感。

（4）心理发展具有阶段性。教师要有针对性地对学生进行辅导，方能更好地促进学生成长。一般经历如下三个阶段：

第一阶段：心理调整、适应阶段。

高校阶段是个人心理发展变化的重要时期。环境的变化带来了更多的挑战，面对未知的世界，学生容易失去原有的心理平衡，使得整个身心处于动荡不安之中。由于身份的转变，学会处理人际关系、平衡学习与生活，是高校生必修的一门课。不过，由于每个学生的身心发展具有差异性，对高校生活的适应期也是长短不一，有的能力较强，善于交际，积极参加校内各种社团活动，向学长"取经"，能在较短的时间内很好地适应高校生活。但也有一部分学生性格内敛，较少参与集体活动，不常与外界联系，可内心又强烈希望得到老师和同学的关爱与指点，长期处于矛盾状态，容易产生紧张和焦虑感，需要更长的时间才能调整好自己的心理状态。同时，由于高校汇集了来自全国各地的人才，竞争激烈，学生在学业上也可能会产生一定的心理波动，若不能很好地调整，将会影响整个高校时期的学习与生活。

第二阶段：心理成长阶段。

这是高校生心理发展的关键期，对其成长非常重要，不仅直接影响整个高校生活的质量，甚至会影响学生未来的一生。

俗话说"需求是情绪与情感的基础"，高校生所表现出来的需求已上升到新的层次，更加复杂。不仅仅停留在最基础的衣食住行等层面，还包括对亲密感的追求，渴求被尊重、被理解，追求友情和爱情，追求更高的人生价值。埃里克森曾指出："高校阶段是形成亲密关系的时期。"高校生如果在高校生活中能够获得真诚的友谊和纯洁的爱情，便会产生幸福感。反之，则会产生孤独感。除此之外，该阶段的高校生心理发展的特点还有对各种知识产生浓厚的兴趣、求知欲强烈、思维活跃等，自我认识也有了更进一步的发展。

随着心理的慢慢成熟，高校生的情感追求、职业规划、学业安排等均迈上了新的台阶，思考的问题也更多。所以，作为高校教师应特别关注学生的心理状况，成为学生的良师益友，与学生保持和谐融洽的关系，这样才能及时发现学生的各种问题并给予帮助，教会学生如何面对和解决各种心理问题，从而促进学生心理健康发展。

第三阶段：就业心理准备期，走向成熟阶段。

高校毕业生面临校园生活的结束，即将步入社会求职，将从校园生活走向职业生活，无疑会掀起新一轮的心理波澜，表现出迷茫与徘徊，产生危机感，心理压力逐渐增大。特别是如今随着科技的迅猛发展，经济的全球化，企业对人才综合素质的要求也日益提高，高校毕业生求职之路并非一帆风顺。因此，教师给予学生的心理辅导就显得格外重要。

拿破仑曾言："一个人是否成功，关键取决于他的心理素质。"而高校则是培养学生心理素质的重要基地。党的十九大报告中也提到高校"心理育人"的必要性。所谓"心理育人"，是指心理健康教育工作者运用心理学的方法或技术，从受教育者的心理特点和人格特质出发，把握其心理需求和规律，营造良好心理环境与氛围，注重心理教育的潜移默化作用，实现其心理和人格的健康发展。

一方面，高校教师应回归心理育人的本源，即

"自我教育、自我成长"。在教学过程中，调动学生的主观能动性，引导学生不断发掘自身潜能，帮助其积极乐观面对生活、学习及求职中遇到的困难，全面提高学生的心理素质。

另一方面，高校须打造适应新时代特点的"互联网＋心理育人"平台，开通线上预约、咨询、学习、互动等功能，全时段、全方位为学生提供心理健康服务，以帮助学生解决实际问题为出发点，及时疏导学生的不良情绪，给予学生更多的人文关怀，聚焦学生个人成长，提升学生处理突发事件和自我调节情绪的能力，使其顺利完成从学生到职场人的蜕变。

事实证明，现代企业之间的竞争愈演愈烈，对员工的心理素质要求也越来越高。所以，拥有良好的心理素质，也将是高校生在职场中的核心竞争力之一。高校"心理育人"机制的推行势在必行，任重道远，对高校有效实现教育职能意义重大。

第五章 高校教师队伍的优化建设

一、高校教师职能的优化

（一）高校教师的职能与义务

关于高校教师的职能，传统意义上更多是指教学职能。而现代意义上，高校教师职能一般可分为三大类：

第一，人才培养职能。从历史意义上而言，大学从诞生之日起就把培养人才作为自己的根本任务。在当代，教育仍然是大学必须承担的首要责任。

第二，科学研究职能。大学教师在履行好人才培养职责的同时，还要在自己的专业领域开展科学研究，包括科学发现、知识创新及专利申请等。

第三，社会服务职能。大学应该对社会的变化做出积极反应，通过教学、科研、服务承担起改造社会和促进社会发展的责任。

而关于教师义务，据 1993 年 10 月 31 日颁布、1994 年 1 月 1 日起实施的《中华人民共和国教师法》第二章，教师应当履行的义务有：遵守宪法、法律和职业道德，为人师表；贯彻国家的教育方针，遵守相关规章制度，执行学校的教学计划，履行教师聘约，完成教育教学工作任务；对学生进行宪法教育，爱国主义、民族团结教育，法制教育，以及思想品德、文化、科学技术教育，组织、带领学生开展有益的社会活动；关心、爱护全体学生，尊重学生人格，促进学生在品德、智力、体质等方面全面发展；制止有害学生的行为或者其他侵犯学生合法权益的行为，批评和抵制有害学生健康成长的现象；不断提高思想政治觉悟和教育教学业务水平。

（二）高校教师职能优化的必要性

随着高校与企业关系的逐渐加深，国际和国内市场经济大环境的影响，企业对高校毕业生综合素质的要求也越来越高，这就要求高校在履行教育职能方面进行相应优化与协调。

高校教师承担着培育优秀高校生的重任，是企业与高校形成良好对接的重要桥梁，为此教师的职能不仅要在教学方面有进一步的优化，还需要重视学生心理素质的培养，为他们步入社会打下良好的基础。对于高校而言，要以"合作共赢，相互扶持"的方针，加强与企业的联系，从而推动教师职能得到优化。

关于优化高校教师职能，笔者提出以下几点建议：

第一，教学内容上的优化。譬如将高校生人际沟通能力、团队合作能力纳入教学内容。

第二，教学方式方法的优化。提高教学能力，促进学生的全面发展，根据学生的实际情况，制定适宜的教学方案，并对学生进行学习方法指导及学习习惯和自学能力的培养，从而为企业提供更多的优质人才，促进高校与企业的良性发展。

第三，增加高校生社会实践活动。积极带领学生体验劳动实践，培养学生的动手能力，以及吃苦耐劳、有毅力的精神品格，帮助学生了解社会与高校之间存在的现实差异，充分做好迎接新环境、新挑战的准备。

第四，加强高校生心理素质培养。培养和开发高校生的思维方式，突破传统的教学思维和方式，以创新的思维、方式来教学和解决难题，开拓学生的思维格局，锻炼学生思考人生的能力，让学生学会以辩证的方式去看待问题，以积极向上的心态去解决问题。与学生平等相处，多关爱学生。教师不仅要致力于提高学生的文化素养，更要注重培养学生的精神品格，促进学生德智体美劳全面发展，从而增强高校生在未来工作中的抗挫折能力和毅力，使高校生更加适应企业的人才需求。

二、高校教师个人能力的提升

（一）高校教师教育理念有待更新

教师是一个国家教育体系的重要组成部分，教师队伍的素质直接关系到国家人才培养战略的实施。有高素质的教师，才会有高素质的教育，因此提升教师队伍的素质，对于国家，对于当前承担人才培养重任的高等院校，都是刻不容缓的事情。

高等院校中，教师作为教育学生的主要人员，承担着对学生进行教育和管理的重任。高校教师队伍相当于高校的立校基石，甚至高校教师队伍的素质直接关系着高校的教学水平和社会地位。

而如今，高校教师队伍的现状其实不容乐观。主要体现在高校教师价值观的转变，以及优秀教师人数不足等方面。因此想要提高高校培养人才的水准，就要对高校教师队伍进行规范化、科学化的建设。建设好高校教师队伍，才能推动高校人才培养水平进一步提高。

然而高校教师队伍建设和学生培养不同，高校教师队伍的建设更具有针对性。

高校教师队伍建设主要应从科研能力、创新能力、教学能力、职业素养、个人道德素质等五个方面入手。只有不断提高高校教师队伍的整体素质，才能够培养出更多的优秀人才。

当前大多数高等院校在教师队伍建设上都存在一些问题，比如教育理念陈旧。教育理念具有较强的主观性，而教师是教育理念的实践者，教师的教育理念对学生未来人生的影响非常大，同时教师教育理念和教学水平也关系着学生培养的成效。

因此如何端正教师的教育理念，提高教育教学质量，培养合格的高素质创新人才，是建设教师队伍最为关键的内容。时代在高速发展，高校教育整体水平也在逐步提升，然而却仍有一部分教师的教育理念以及教学水平相对滞后，高校教师队伍建设所面对的形势并不乐观。

如今的人才需要多元化发展，高校教师的教学理念也应该贴合社会发展实际，与时俱进地进行更新和转变，高校教师应通过多种多样的方式来促进学生对知识的兴趣和追求。然而如今许多高校教师缺乏教书育人的责任心，对学生缺乏教育和指导的耐心，在教育观念上出现偏差。这种教育观念上的偏差，会逐渐影响高校生的学习态度以及价值观。因此，如今越来越多的人呼吁尽快提高高校教师的整体教育思想和教学水平。

高校教师的师德以及教育理念会影响学生创造性思维和价值观的发展。高校生虽然已经步入成年阶段，但是他们的价值观尚处于发展阶段，容易受到外界环境的影响。

高校教师要转变传统观念，将自己的身份放到与学生平等的位置，设身处地为学生着想，帮助他们获得知识和成长，由此完成教育理念的更新及实践。

（二）高校教师队伍结构有待优化

在年龄结构方面，高校教师队伍存在着中青年教师高层次人才断层的问题。长此以往，对高校教育质量将产生不利的影响。

在人员结构方面，教师队伍内部缺乏拔尖人才和学术骨干。教师队伍结构性失衡，导致有些学科教师过剩，有些学科缺乏教师，这可能会导致某些社会急需、学校亟待发展的学科人才短缺。

在学术结构方面，高校教师学术研究存在一定的门户之见，这会导致学术研究很难取得重大突破。

在管理机制方面，缺乏系统、科学、规范、有效的全国互动的师资队伍管理机制，包括以教师资格认证制度为核心的用人机制，以绩效考核评估为核心的全国一体化激励约束机制，以育人为核心的师德建设机制，合理、规范的人才流动和竞争机制，以及教师的社会保障机制等。

教师队伍建设重点便是要规范教师品德，提升教学质量。而目前教师队伍中，高素质拔尖人才，尤其是中青年拔尖人才仍显不足，教师综合素质也有待进一步提高，这些都是高校教师队伍建设中亟待解决的问题。

（三）高校教师队伍管理体制不健全

随着高校人事制度改革的推进，特别是引入

并实践人力资源管理理念后，高校针对校内各类人员自身的特点和行为活动规律制定了不同的管理办法，改变了管理的僵化，建立了一种有机的引导、协调与保障体系。

在管理体制方面，岗位终身制是高校建设高素质教师队伍所面临的主要问题之一。

岗位终身制实际是一种缺乏竞争性和激励作用的人事管理制度。它导致高校难以实现教师的合理调配和教育资源的最优配置，造成了教师队伍结构不合理，考核工作流于形式，教师的工作积极性得不到有效激励等。

这不仅直接影响到高校教师队伍中拔尖人才的成长，影响到高校学科建设和人才培养质量，更影响到高等教育事业的可持续发展。

如今高校教师队伍中还存在一种平均主义思想。这种思想不仅影响到按劳分配、多劳多得、优劳优酬原则的落实，还影响着教师晋升的公平公正。在平均主义思想影响下，一些教师付出的辛劳得不到重视和公平对待。而且这种平均主义思想的表现形式也是多种多样的，存在于教师管理体制的各个层面中，对部分教师的工作积极性造成了负面影响。

（四）高校内部缺乏合理公平的用人机制和晋升渠道

我国高校的用人制度和机制随着经济发展，已经得到了很大程度的调整，然而依旧存在着一定的问题和漏洞，尤其是在教师用人机制和晋升渠道方面。

过去，在计划经济体制下，高校教师的输入输出是按照国家的统一计划进行的，高校每年按照国家批准的名额接收被分配而来的教师。这就导致高校在用人方面缺乏自主选择权，无法根据高校的实际需要进行招聘。

而在市场经济体制下，国家取消了对高校教师用人的统包统配，改为在国家宏观政策指导下，各高校根据自己的需要进入市场招聘优秀教师，这让各大高校拥有了教师用人方面的自主权，也让各大高校能够建立起灵活的教师培养和吸纳机制，促进了高校教师用人机制的改革。

然而，尽管如今市场成为高校获取教师资源的主要渠道，但是由于种种原因，市场机制在高校中发挥的作用仍然有限，供需双方存在很大矛盾，人力资源管理理念在高校中仍有待深化。

针对高校教师队伍目前所存在的问题，笔者提出以下几点关于高校教师队伍建设的建议。

第一，提高高校教师队伍的科研能力。

高校教师队伍的建设首先要考虑的就是教师科研成绩和教学成果绩之间如何保持平衡。高校教师的科研能力关系着高校荣誉等问题，提高高校教师队伍的科研能力不仅能够增强学校竞争力，同时也能够给高校吸引到更加优质的师资和生源。

第二，重视高校教师队伍的创新能力。

不仅是教学方面的创新，还包括科研创新、管理创新和教育创新等。

创新是未来高校教师队伍建设的重点，无论是教师队伍的年轻化倾向，还是幽默风趣甚至独树一帜的授课风格的出现，都在说明一件事：传统的教学风格已经不再适应当代高校课堂了。高校想要培养出更多的优秀人才，就要不断地摸索新的道路，让高校教师队伍更加多样化地发展。

第三，提高教师的教学水平。

教师的教学能力直接关系到学生的学习质量。

高校可以定期给教师队伍进行培训，或者组织教师进行教学技能交流等，从而有效提高教师队伍的教学能力。

第四，提高教师的职业素养和个人素质。

高校在教师队伍建设中，务必要重视提高教师的个人素质和职业素养。可以通过完善教师管理制度，对教师行为进行更全面的规范，并且定期开展针对教师队伍问题的调查和整顿，以此来不断提高教师的职业素养和个人素质。

三、高校教师队伍建设与人才培养的关系

　　教师队伍是学校教育体系的重要组成部分，教师的素质会直接影响学生的未来发展。因此教师队伍的建设，是当前所有高等院校都应该重视的事情。

　　然而，大多数的高等院校并没有很明确的教师队伍建设方向。对教师队伍进行全方位的优化不是一件容易的事情，它涉及学校各方面制度以及决策。高等院校教师队伍的建设应该与人才培养相结合，朝着培养更多人才的目标来建设有组织、高效率的教师团队。下面就来谈一下，如何将教师队伍建设与人才培养相结合。

　　传道授业解惑是教师的职责，因此高等院校进行教师队伍建设时，要明确教师队伍建设是为了让

高校最大程度实现教书育人的职能。明确了这一点以后，针对教师团队的改革和建设才有可能与人才培养相结合。

高校可以将教师奖惩和人才培养的质量进行挂钩，从而促进教师教学的积极性。教师队伍建设与人才培养本就是一体的，教师队伍建设得越好，人才培养质量越能得到有效提升，培养出的优秀人才也就越多。

由此可知高校教师队伍建设与人才培养密切相关，高校对于人才培养问题不能只关注学生本身，还要重视教师队伍的建设，如此才能在人才培养的道路上获得更多更好的成果。

四、高校教师提升个人能力的方向

随着我国教育改革的深化，企业对人才的需求呈现多元化特征，非常注重人才的综合实践能力和创新能力。而高校作为重要的人才培养基地，为了能够输出高素质的毕业生，对教师的要求自然会更高，终身学习便成了对教师与学生的共同要求。高校教师个人能力大体可归纳为如下几类。

（1）职业道德能力，即职业道德示范和职业道德传授能力。它是调整师生关系的关键。爱与责任感是其核心，既表现为爱岗敬业、关爱学生，又表现为教书育人、为人师表。教师须遵循教育规律，突破传统的应试教育，实施素质教育，不以分数为评价学生的唯一标准。

（2）企业合作能力。主要体现在熟悉企业工作流程和广泛建立企业联系上。常言道："学校教育社区化，社区生活教育化。"作为一名优秀的高校教师，应勇于走出校园，迈进社区及企业内部，积极全面了解最新的企业动态，并与企业进行沟通交流，促进高校生学以致用。

（3）课程开发能力。主要体现在熟悉企业员工的工作任务并将之转化为教学内容上。在传统的教学中，教与学往往是各自独立，互不干扰的。然而，新时代却要求高校老师将教与学合二为一，不断拓展视野，创新思维，开发新的教学课程。

（4）教学实施能力。主要体现在根据不同的教学内容实施不同的教学方法上。由于不同学生之间存在差异性，所以因材施教就显得格外重要。

（5）信息技术能力。主要体现在了解信息技术的最新成果并积极将其与教学相结合上。随着互联网的飞速发展，作为高校教师必须拥有信息技术能力，运用多媒体工具辅助教学。同时，随着科技的日新月异，企业对科技创新人才求贤若渴，高校教师若能将最新的信息技术成果融入日常教学之中，对学生未来的就业将是大有裨益的。

（6）沟通交流能力。主要体现在能和人进行有效沟通和有效合作上。无论是在校园中，还是在社会上，沟通交流都是最基本的能力。

（7）学生管理能力。主要体现在引导学生自我管理并帮助学生进行职业生涯规划上。现代高校生具有独立的思想，因此教师必须引导学生自我管理，并帮助学生进行职业生涯规划。

（8）教育科研能力。主要体现在撰写科研论文和主持科研课题并积极将科研成果与教学实践相结合上。俗话说："科研是教育进步的灵魂。"传统教学与科研活动是相互独立的。然而，如今的教师也是一名研究者，必须将研究成果运用到实际的教学中，以研究者的角度去分析教学理论和解决实际的问题。

（9）社会服务能力。主要体现在能积极培训企业员工并帮助企业解决技术难题上。现在，越来越多的高校教师走进企业内部，将专业的知识和能力教授于企业员工，提高其工作效率，实现校企合作。这也有利于教师加深对企业的了解，从而将所了解的企业知识传授给学生，拓宽学生的知识面。

（10）创新发展能力。主要体现在勇于质疑和敢于创新上。作为一名高校教师，拥有较强的创新能力是时代的要求，不容忽视。何谓"创新"？指的是以现有思维模式提出别出心裁的想法，利用已知知识去探索未知的事物。这种创新发展能力，也是企业的核心竞争力所在，是企业持续发展的推动力。

教师要以身作则，不断学习，完善自身，给学生树立良好的榜样，为高校生将来顺利就业给予更多的帮助。

第六章 厚德载物，自强不息

一、当代高校生与社会发展的关系

当代高校生是支撑科学技术发展和创新的重要力量，他们接受过高等教育的熏陶，区别于普通劳动力，是一种拥有知识和技能的新型人才，也是我国社会发展的重要战略资源。高校生在社会上占比逐年增加，给各行各业的改革发展带来了新的希望，他们是生产关系变革的主导者，正在推动中国产业结构向着高精尖方向转型。他们与社会发展的关系大体可概括如下：

第一，高校生作为既懂理论知识又有实践技能的人才，推动着科技的发展创新。

高校生在校园里接受过系统的理论知识教育，并将这些理论知识带入社会实践中，推动着整个社会产业链变革。社会的发展和进步离不开高校生所学的技能和知识，社会与高校生之间是相辅相成的关系，高校生兼具学生和社会责任人的双重身份，也代表着高校生责任和使命的重大。

高校生在校期间，主要责任与义务是学习知识与提高自身综合素质，而进入社会后，其使命就变成了将所学的理论知识付诸社会实践，学以致用，推动社会发展和科技创新。

第二，高校生有助于推动国民整体素质提高，形成良好社会风气。

高校生于单纯的校园环境中成长起来，在高校和教师的培养下，拥有正确的人生观、世界观和价值观，以及良好的社会道德和自身素养。如此一批有素质有修养，又有理想和抱负的高校生进入社会中，自然会成为推动社会发展的中坚力量，不仅能给社会带来知识和科技，同时也有助于涤荡社会上一些不良风气和习俗，大大提升国民整体素质。

第三，高校生能给予社会发展创新的底气和动力。高校生掌握着丰富的专业知识和技能，而创新正是科学文化知识的积累达到一定程度后产生质变的结果。

我国拥有大量的高校生，这些高校生接受过专业知识的熏陶，能够灵活地使用各种工具，让工作更加高效，能够更好地利用知识和技能完成工作任务，同时在创新方面也能有更多建树。了解了高校生对社会发展的重要性，我们便能够从中得知高校生和社会发展之间的关系：两者之间具有相互协同、相互促进的关系，并且这样的关系在未来会越发紧密。

知晓了高校生与社会发展的关系后，我们还要思考如何让高校生深入社会，让他们能够真正为社会发展发挥出重要的力量。

想要让高校生在社会发展过程中发挥出巨大能量，高校及高校生自身要做到以下几点：

（1）高校要帮助高校生树立正确的价值观，使其拥有正确的价值取向。

正确的价值观可以让高校生找准自己的定位，进入社会后不忘初心，用自己的劳动能力换取报酬的同时也积极推动企业和社会的进步。

（2）高校生须明确自身的能力可以为自己与企

业带来何种价值。高校生自身能力越高，能为企业带来的效益就越大，企业回馈给高校生的报酬也会更高，为此高校生须努力学习专业知识，丰富科学技能和文化积累。

（3）高校生要积极融入群体，以集体力量推动社会进步。

科技创新需要大量人才的支撑，高校生仅靠自身力量并不足以推动社会全面发展和进步，应该团结一致，拥有集体意识，方能给社会带来全新的面貌。我国之所以集中大量资源来培养大批高校生，其目的便是要聚集这些高校生，使其集体奋斗，共同促进社会发展。

（4）高校生要拥有积极乐观的心态和竞争意识。

良性竞争是促进社会发展的有效方式之一，因此高校生要拥有积极乐观的心态和竞争意识，要深刻明白竞争是前进的动力，及时发现自身的不足，学习他人的优点，从而在生存与发展中不断进行自我提升。

二、如何培养当代高校生的工匠精神

社会发展日新月异，而持之以恒的精神始终在社会发展中发挥着不可替代的作用。持之以恒精神就是一种坚持不放弃的毅力，也可以称之为"工匠精神"。

企业的工匠精神体现在持续创新、在原有产品基础上不断突破和追求完美上。企业只有真正贯彻工匠精神，全心全意地打造每一件产品，才能为社会创造更大的价值。而想要做到这一点，企业就必须拥有能贯彻工匠精神的人才，人才是推动企业发展的基石。

那么高校应如何培养学生的工匠精神，从而为企业提供能贯彻工匠精神的人才呢？

首先，要让高校生明白工匠精神就是要有一种永不言弃的精神，不轻易放弃初衷，不断追求卓越，愿意投入大量精力，持续研究，追求完美，用心地做好每一件事。

同时，还应让高校生认识到匠德的重要性。匠德要求高校生树立崇高的职业理想和奋斗目标，并具备责任感和奉献精神，爱岗敬业，忠于职守，始终秉持良好的职业道德。

高校生是新时代工匠精神的践行者，是传承工匠精神的先锋者，应该意识到并承担起自己的责任和使命。

总结

　　人才是当今社会重要战略资源之一，随着社会发展，人才将会是各个国家、各个企业重点争夺的对象。高校作为培养人才的基地，在今后的社会发展中，也必定会占据举足轻重的地位。

　　本书以六个章节依次解读企业文化的重要性，人才培养的方针和策略，高校科学管理理念，社会发展的趋势和变化等，这些领域的探索，都有一条无形的线串联着，它链接着社会各行各业，甚至我们生活的方方面面，那便是 —— 人才。

　　无论是企业文化的建设和发展，还是社会的进步和创新，都是以人才为基础的。

　　何谓人才？对人才的定义，直接关涉人才的评价标准问题，应有一定的严谨性、科学性、时代性。随着时代的发展进步，社会对人才的要求也发生了改变，比如"具有一定的专业知识或专门技能，进行创造性劳动并对社会做出贡献的人，是人力资源中能力和素质较高的劳动者"，从知识、能力、贡献三个维度对人才做出了定义，具有较高的指导价值。

本书则认为，在新时代，对于社会主义人才的界定还应增加道德维度，将道德作为人才评判的一个重要标准。人才应以德为先，以能为本。新时代的人才应从知识、能力、贡献、道德四个维度定义，才更符合新时代对人才的客观要求。

本书便是立足于新时代对人才的要求，探讨高校和企业应如何培育优秀人才，以及如何使人才为推动社会进步发挥出最大能量。

参考文献

[1] 桑爱友. 高校大学生心理健康教育与发展研究 [M]. 北京：九州出版社，2020.

[2] 刘爱书，庞爱莲. 发展心理学 [M]. 北京：清华大学出版社，2013.

[3] 李芳. 不同类型教师对高校学生学业效果的影响 [M]. 北京：社会科学文献出版社，2014.

[4] 何建湘. 企业文化建设实务（第二版）[M]. 北京：中国人民大学出版社，2018.

[5] 王旭东，孙科柳. 企业文化落地：路径、方法与标杆实践 [M]. 北京：电子工业出版社，2020.

[6] 任康磊. 人才梯队建设与人才培养 [M]. 北京：人民邮电出版社，2021.

[7] 蒋朝安，孙科柳. 人才战略落地：人才发展解决方案与标杆实践 [M]. 北京：电子工业出版社，2022.